大唐歌飞的千年传奇

昭陵博物馆

主　编　李炳武

本册主编　张志攀

西安出版社

图书在版编目（CIP）数据

大唐歌飞的千年传奇：昭陵博物馆 / 李炳武主编
. -- 西安：西安出版社, 2018.11（2021.5重印）

ISBN 978-7-5541-3437-5

Ⅰ.①大… Ⅱ.①李… Ⅲ.①博物馆-历史文物-介
绍-礼泉县 Ⅳ.①K872.414

中国版本图书馆CIP数据核字（2018）第270638号

大唐歌飞的千年传奇

昭陵博物馆

DATANGGEFEI DE QIANNIANCHUANQI
ZHAOLING BOWUGUAN

出 版 人：屈炳耀
主　　编：李炳武
本册主编：张志攀
策划编辑：李宗保　　张正原
项目统筹：张正原
责任编辑：张正原
责任校对：魏　萍
责任印制：尹　苗
出版发行：西安出版社
社　　址：西安市长安北路56号
电　　话：（029）85253740
邮政编码：710061

印　　刷：永清县晔盛亚胶印有限公司
开　　本：787mm×1092mm　1/16
印　　张：14.5
字　　数：136千
版　　次：2018年11月第1版
印　　次：2021年5月第2次印刷
书　　号：ISBN 978-7-5541-3437-5
定　　价：88.00元

赛导游 SAIDAOYOU
www.saidaoyou.com

边听边看，实地感受千年文明

Listening while viewing.
Feel the history of civilization over thousands of years

使用流程 / PROCEDURE

手机扫码安装 　　打开蓝牙耳机 　　靠近景点或展品 　　自动接收讲解

自动感应讲解

智能路线规划

多种语言选择

周边景点推送

安装使用简单

终端部署快速

后台管理方便

覆盖范围广阔

指触文化传媒（北京）有限公司

技术服务：010-64893402
全国客服：400-6353-881

阅读文物　拥抱文明

郑欣淼

文物所折射出的恒久魅力，已为越来越多的人所认识。今天呈现在读者面前的这部"丝路物语"书系，就是这一魅力的具体体现。

"让收藏在博物馆里的文物、陈列在广阔大地上的遗产、书写在古籍里的文字都活起来。"（习近平语）党的十八大以来，习近平总书记担负着实现中华民族伟大复兴的历史重任，饱含着对传统文化的深厚感情，让文物活起来始终为其所关注、所思考。让文物活起来，就是深入挖掘文物的内涵，充分发挥文物的作用。中国文物是中华民族的文明印记和精神标识，是全体中国人乃至全人类的珍贵财富；它对于激发人民群众对中华优秀传统文化的了解、认同和热爱，坚定文化自信，汇聚发展力量等作用是不言而喻的。

近年来，一些优秀的文物类书籍、综艺节目、纪录片、文化创意产品等不断涌现，文化遗产元素成为国家外交的桥梁，文物逐渐成为"网红"并受到越来越多年轻人的青睐，这些都充分彰显着"让文物活起来"已逐渐从理念转化为行动，那些在历史长河中积淀下来的文物珍存正在不断走近百姓、融入时代、面向世界。

说到文物，不能不把眼光聚焦于丝绸之路。人类社会交往的渴望推动了世界文明间的相互交融和渗透，中华文明与亚、欧、非三大洲的古代文明很早就发生接触，相互影响，相互交流。直到1877年，德国地理学家李希霍芬在他的著作《中国——我的旅行成果》里首次提出了"丝绸之路"的概念。近半个世纪以来，随着丝绸之路考古发现和学术研究的不断深入，极大地开阔了人们的视野。特别是"一带一路"倡议的全面推进，丝绸之路研究更成为国际显学。在古代文明交流史上，丝绸之路无疑是极其璀璨的一笔。它承载着千年古史，编织着四方文明。也正因为丝绸之路无与伦比的历史积淀，形成了独特的历史文化遗产，其数量之大、等级之高、类型之丰富、序列之完整、影响之深远，都是世所公认的。神秘悠远的古代城址、波澜壮阔的长城关隘烽燧遗址、精美绝伦的艺术品、气势磅礴的帝王陵墓、灿若星辰的宫观寺庙、瑰丽壮美的石窟寺……数不清道不尽的文物珍宝，足以使任何参观者流连忘返，叹为观止。2014年，"丝绸之路：长安—天山廊道的路网"成功跻身《世界文化遗产名录》，使丝绸之路迎来了新的历史机遇，也对广大文化文物工作者提出了新的要求。

"让文物说话，把历史智慧告诉人们。"这是习近平总书记的谆谆嘱托。中华文化优雅如斯，如何让文物说话，飞入寻常百姓家，是当下无数文化界人士亟待攻坚的课题，亦是他们光荣的使命。客观来讲，丝绸之路方面的论著硕果累累，但从一般读者角度，特别是从当下文化与旅游结合角度着眼的作品不多，十分需要一套全面系统地介绍丝绸之路文物故事的读物。令人欣喜的是，西安出版社组织策划了这套颇具规模的"丝路物语"书系，并由李炳武先生担任主编，弥补了这一缺憾。李炳武先生曾经长期在文物文化领域工作，也主持过"中华国宝·陕西珍贵文物集成""长安学丛书"和《陕西文物旅游博览》等大型文物类图书的编纂工作，得到了业界的充分肯定；加之丛书的作者都是有专业素养的学者，从而保证了书稿的质量。

如何驾驭丝绸之路这样一个纵贯远古到当今、横贯地中海到华夏大地的话题，对于所有编写者来说，都是具有挑战性的。这套书的优点或者说特点，可以概括为以下几个方面：

这套书最大的一个优点，就是大而全。从宏观的视野，用简明的线条，对陆上丝绸之路的博物馆、大遗址进行了全景式梳理，精心遴选主要文物，这些国宝的历史、艺术和科学价值在字里行间一一呈现。

丝绸之路文化遗产类型丰富，作者在文中并没有局限于文物本身的解读，还根据文物的特点做了大量的知识拓展，包括服饰的流变，宗教的传播，马匹的驯化，葡萄等水果的东传，纸张的发明和不断改进，医学的发展，乐器、绘画、雕刻、建筑、织物、陶瓷等视觉艺术的交互影响，等等。其中既有交往的结果，也有战争的推动。总体而言，这些内容是讲述丝绸之路时所不可或缺的内容，使读者透过文物认识了丝绸之路丰富的文化内涵。

值得称道的是，这套书采取探索与普及相结合的方式，图文并茂，力求避免学究气的艰涩笔调，加入故事性、趣味性，使文字更具可读性，达到雅俗共赏的目的。通过图书这一载体，能够使读者静静地品味和欣赏这些文物，传达出对历史的沉思和感悟，完善自己对文物、丝绸之路和文化的认知。读过这套书后，相信读者都会开卷有益，收获多多，文物在我们眼中也将会是另一番面貌。

我们有幸正处于坚持以人民为中心的改革发展伟大时代，每一件文物，都维系着民族的精神，让文物活起来，定会深入人心、蔚为大观。此次李炳武先生请我写序，初颇踌躇，披卷读来，犹如一场旅行，神游历史时空之浩渺无垠，遐思华夏文化之博大精深。兼善天下，感物化人历来是每一个中国知识分子的精神所属，若序言能为一部作品锦上添花，得而为普及民众的文物保护意识起到促进作用，何乐而不为？

是为序。

· 郑欣淼 ·
原中国文化部副部长、故宫博物院原院长、中华诗词学会会长、著名历史文化学者。

丝路物语话沧桑

李炳武

2013 年 9 月，中国国家主席习近平访问哈萨克斯坦时，在纳扎尔巴耶夫大学发表演讲，首次提出共同构建"丝绸之路经济带"的宏伟倡议。2014 年 6 月，"丝绸之路：长安——天山廊道的路网"成功跻身《世界文化遗产名录》。

丝绸之路是世界上路线最长、影响最大的文化线路。丝绸之路是指起始于古代中国的政治、经济、文化中心——古都长安（今西安）连接亚洲、非洲和欧洲的古代陆上商业贸易路线。它跨越陇山山脉，穿过河西走廊，通过玉门关和阳关，抵达新疆，沿绿洲和帕米尔高原通过中亚、西亚和北非，最终抵达非洲和欧洲，向南延伸到印度次大陆。这条伟大的道路沟通了中国、印度、希腊三大文明，它是一条东方与西方之间经济、政治、文化进行交流的主要道路，促进了欧亚大陆不同国家、不同文明之间在商贸、宗教、文化以及民族等方面的交流与融合，为人类社会的共同发展和繁荣做出了卓越贡献。

公元前 138 年，使者张骞受汉武帝派遣从陇西出发，出使月氏。13 年中，他的足迹踏遍天山南北和中亚、西亚各地。在随后的 2000 多年间，无数商贾、旅人沿着张骞的足迹，穿越驼铃叮当的沙漠、炊烟袅袅的草原、飞沙走石的戈壁，来往于各国之间，带来了印度、阿拉伯、波斯和欧洲的玻璃、红酒、马匹，宗教、科技和艺术，带走了中国的丝绸、漆器、瓷器和四大发明，举世闻名的丝绸之路渐渐形成。

用"丝绸之路"来形容古代中国与西方的文明交流，最早出自德国著名地理学家李希霍芬 1877 年所著的《中国——我的旅行成果》一书。由于这个命名贴切写实而又富有诗意，很快得到学术界的认可，并风靡世界。

近年来，丝绸之路迎来了新的历史机遇，沿丝绸之路寻访探秘的人络绎不绝。发展丝路经济，研究丝路文明，观赏丝路文物成了新时代的社会热潮。中央文化产业发展专项资金资助项目"丝路物语"书系便应运而生。在本书和读者见面之际，作为长安学研究者、"丝路物语"书系的主编，就该书的选题范围、研究对象、编写特色及意义赘述于下：

"丝路物语"书系，以"丝绸之路：长安—天山廊道的路网"遗产及相关博物馆为选题范围。该遗产项目的线路跨度近 5000 千米，沿线包括了中心城镇遗迹、商贸城市、聚落遗迹、交通遗迹、宗教遗迹和关联遗迹五类代表性遗迹以及沿途丰富的特色地理环境。共计包括三个国家的 33 处遗产点，其中吉尔吉斯斯坦境内 3 处，哈萨克斯坦境内 8 处，中国境内 22 处。属丝绸之路东段的重要组成部分，在丝绸之路交通与交流体系中具有独特的起始地位和突出的代表性。它形成于公元前 2 世纪，兴盛于公元 6 至 14 世纪，沿用至 16 世纪，连接了东亚和中亚大陆上的中原地区、河西走廊、天山南北与七河地区四个地理区域,分布于今中华人民共和国、哈萨克斯坦共和国和吉尔吉斯斯坦共和国境内。沿线遗迹或壮观巍峨,或鬼斧神工,或华丽精美,见证了欧亚大陆在公元前2世纪至公元16世纪之间人类文明进步的重要阶段,以及在这段时间内多元文化并存的鲜明特色。

"丝路物语"书系,每册聚焦古丝绸之路上的一座博物馆、一处古遗址或一座石窟寺,力求立体全面地展示丝绸之路上的历史遗存、人文故事和风土人情。这是一套丝绸之路旅游观光的文化指南,从中可观赏到汉代桑蚕基地的鎏金铜蚕,饱览敦煌石窟飞天的婀娜多姿,聆听丝路古道上的声声驼铃。古丝绸之路是人类文明的宝贵遗产,记录着社会的沧桑巨变,这也是一部启封丝路文明的记忆之书。

"丝路物语"书系,以阐释文物为重点。文物是中华民族的精神标识。"要让收藏在博物馆里的文物、陈列在广阔大地上的遗产、书写在古籍里的文字都活起来。"这对于激发人民群众对中华优秀传统文化的了解、认同和热爱,坚定文化自信,汇聚发展力量不可小觑。

文物是不可再生的国之珍宝,从中可折射出人类文明的恒久魅力。对文化的认同感与归属感应当成为一种生活状态。我们从梳理丝绸之路沿线博物馆馆藏文物、石窟寺或大遗址为契机,从文化的立场阐释文物的历史意义,每篇文章涵盖了文物信息的描述、历史背景的介绍、文物价值的分享和知识链接等板块,在聚焦视角上兼顾学术作品的思想层与通俗作品的故事层双重属性，清晰地再现文物从物质性到精神性的深层转变，着力探讨文物作为一种精神力量对历史的思考。用时空线索描绘丝绸之路的卓越风华，为读者梳理丝绸之路的文化影响，以文物揭示历史规律，彰显更深层、更本质的文化自信，激发读者的民族自豪感。"丝路物语"书系以文物为研究对象，从中甄选国宝菁华，讲述它们的前世今生。试图让读者从中感受始皇地下军团的烈烈秦风，惊叹西汉马踏匈奴的雄浑奔放，仰慕大唐《阙楼仪仗图》的盛世恢宏，这是一部积淀文化自信的启智之作。

　　"丝路物语"书系，以互动可读为特色。在大众传媒多元数字化的背景下，综合运用现代科技的引进更能推动文化传播的演变进入一个崭新的领域，相契于文字的解读，更透出传统文化的深邃意蕴。为多维度营造文化解读的可能性，吸引更多公众喜欢文物、阅读文物，"丝路物语"可谓设计精良，处处体现出反复构思、创新的态度。设计重点关注视觉交流的层面，借助丰富的图像资料和多媒体技术大幅强化传统文化元素可视、可听、可观的直接特征，有效提升文化遗产多维度的观感效果。古人著书立说重字画兼备，"宣物莫大于言，存形莫善于画"，所以由"图书"一词合称。本书系选用了大量专业文物图片，整体、局部、多角度展示，让读者在阅读文字之余通过精美的图片感受文化的震撼与感动，让读者更好地认知历史、感知经典，体验当代创新之趣。

　　"丝路物语"书系，以弘扬互利共赢的丝路精神为使命。"丝绸之路：长安—天山廊道的路网"在东亚古老的华夏文明中心和中亚历史悠久的区域性文明中心之间建立起长距离的交通联系，在游牧与定居、东亚与中亚等文明交流中具有重要意义，并见证了古代亚欧大陆人类文明与文化发展的主要脉络及若干重要历史阶段以及突出的多元文化特征，是人类进行长距离交通、商贸、文化、宗教、技术以及民族等方面长期交流与融合的文化线路杰出范例。

2000 多年前，我们的先辈筚路蓝缕，穿越草原沙漠，开辟出联通亚欧非的陆上丝绸之路。这不仅是一条通商易货之道，更是一条文化交流之路。沿着古丝绸之路，中国将丝绸、瓷器、漆器、铁器传到西方，也为中国带来了胡椒、亚麻、香料、葡萄、石榴。沿着古丝绸之路，佛教、伊斯兰教及阿拉伯的天文、历法、医药传入中国，中国的四大发明、养蚕技术也由此传向世界。更为重要的是，商品和文化交流带来了观念创新。比如，佛教源自印度，却在中国发扬光大，在东南亚得到传承。儒家文化起源于中国，却受到欧洲莱布尼茨、伏尔泰等思想家的推崇。这是交流的魅力，互鉴的成果。这些各国不同的异质文化，犹如新鲜血液注入华夏文化肌体，使脉搏跳动更为雄健有力。古丝绸之路绵亘万里，延续千年，积淀了以和平合作、开放包容、互学互鉴、互利共赢为核心的丝路精神。

新时代、新丝路、新长安。2017 年，习近平主席在"'一带一路'国际合作高峰论坛"上指出：古丝绸之路是人类文明的宝贵遗产。为让这些遗产、文物鲜活起来，西安出版社策划出版的"丝路物语"书系，承载着别样的期许与厚望，旨在以丝绸之路的隽永品格对话当代社会的文化建构，以高度的文化自觉唤醒当代社会的文化自信。

我们作为丝绸之路起点长安的文化工作者，更应该饱含对传统文化的深厚感情，自觉担负起实现中华民族伟大复兴的历史重任，充分运用长安学的最新研究成果，为保护、研究和传承人类文明的宝贵遗产尽心尽力，助推"一带一路"伟大事业的蓬勃发展。

精品力作是出版社的立身之本，亦是文化工作者的社会担当。"丝路物语"书系的出版，凝聚着众多写作和编辑人员的思考与汗水。借此，特别感谢郑欣淼部长的热情赐序；感谢策划人、西安出版社社长屈炳耀先生的睿智选题与热情相邀；感谢相关遗址、博物馆领导的支持和富有专业素养的学者和摄影人员的精心创作；更要感谢西安出版社副总编辑李宗保和编辑张正原认真负责、卓有成效的工作。

"丝路物语"书系的出版虽为刍荛之议、管窥之见，但西安出版社聆听时代声音、承担时代使命以及致力于激活文化遗产、传播中国声音的决心定将引领其走向更远的未来。

是为序。

· 李炳武 ·
陕西省文物局原副局长、陕西省文史馆原馆长、"长安学"创始人、陕西师范大学国际长安学研究院首任院长、三秦文化研究会会长、长安学研究中心主任、著名历史文化学者。

目录

贞观之治，奠定了大唐一百多年的盛世，太宗的功绩，利在当代，功在千秋。太宗皇帝以民为本、广开言路、虚怀纳谏、唯才是举构成了贞观之治的基本特色，成为古代集权治世最好的榜样。使唐朝在当时与西方国家相比，无论在政治、在经济，还是在文化上都走在世界的最前列，而太宗皇帝长眠的昭陵还隐藏着更多未知的谜底。

唐太宗昭陵

天下名陵

　　昭陵，是唐高祖李渊次子，唐朝第二位皇帝，大唐帝国的开国功臣，杰出的政治家、战略家、军事家，中国封建史上少有的英明君主——唐太宗李世民的陵墓，位于陕西省礼泉县城东北 22.5 千米的九嵕山主峰。九嵕山虎踞渭北，气掩关中，九梁拱举，一峰独秀，东西峰峦起伏，前后群山环抱，浩浩渭水萦绕其前，滔滔泾水逶迤其后，从而衬托得陵山主峰更加孤耸回绝。

　　九嵕山主峰魅力多变，甚是奇妙：从正南望去，呈圆锥形，很有"刺破青天锷未残"的气势；从东南望去，却成三峰会聚，活像一座笔架，因而又称"笔架山"；从西南望去，呈覆斗型，酷似日本的富士山；从陵山以北望去，俨然像一只卧虎，头东尾西，跃跃欲起，真可谓"卧虎藏龙"之地。

● 昭陵

1961 年，国务院公布昭陵为第一批全国重点文物保护单位。

昭陵首开唐帝陵"因山为陵"的先例。"因山为陵"，就是选择自然山峰从旁边凿石洞为墓道，在山峰的底部修造地下宫殿。

昭陵自贞观十年首葬长孙皇后至贞观二十三年葬太宗李世民，先后营建了 13 年之久。除了在主峰内置地宫，还在陵山周围建成了规模宏大的建筑群：陵山四周墙垣环绕，四角建阙楼；北有玄武门，内设祭坛，闻名中外的昭陵六骏及十四国蕃君长石刻像原来就列置于此；南有朱雀门，内置献殿，在献殿遗址出土了一件高 150 厘米，重约 300 余斤的鸱尾，按其比例来推想献殿的屋脊，其高应在 10 米以上，足见这座殿堂的高大雄伟；西南面有下宫，是供墓主人灵魂饮食起居及宫人、官员和守陵军队居住的地方，当年大量的房屋建筑都集中在这里，后遭大火而焚毁严重。据文献记载，唐德宗李适贞元十四年（798）对下宫进行过修葺，仅修葺后的房屋就达 378 间之多。

据记载，因地宫四周山势陡峭凹凸不平，便沿山凿石架有栈道，栈道绕山腰 400 多米，盘曲而上，直达元宫（墓室）门。守灵的宫女可沿着栈道进入元宫，像平常在皇宫里一样来执行供养之仪。后来为了隐秘防盗，一些大臣建议拆除栈道，高宗皇帝呜咽啼哭不许，其舅父长孙无忌多方劝说才算同意，从此以后"陵寝高悬，奸盗息心"。历经千年的风雨剥蚀，陵山上的建筑早已铅华褪尽、荡然无存，但千年前的栈道遗迹仍有几处可见。

与昭陵陵山建筑群遥相呼应的便是庞大的陪葬陵园。长孙皇后首葬昭陵后，唐太宗制《九嵕山卜陵诏》，遂确定了昭陵的陪葬制度，允许三品以上大臣或功业佐时者陪葬昭陵。于是朝臣均以陪葬为荣，陪葬之风日盛，从贞观十年（636）开始到开元二十九年（741）的百余年间形成了庞大的陪葬陵园。陵园占地面积200平方公里，周长60公里，有陪葬墓190余座，是我国帝王陵园中面积最大、陪葬墓最多的一座，也是唐代具有代表性的一座帝王陵墓。陵园的布局设计，更有独特之处，190余座陪葬墓，以陵山主峰为轴心，向正南、西南、东南方向辐射成折扇状，犹如群星拱月，拱卫着昭陵，恰似君臣生前，帝王面南背北，朝臣侍列殿堂一样，象征着封建帝王"至高无上"的皇权。

　　昭陵陵园面积之大，陪葬墓之多，在世界上也是首屈一指的，整个昭陵陵园，再现了当年贞观遗风，因而被誉为"天下名陵"。

　　关于昭陵的选址也有传说。据说李世民称帝后，按照以往惯例，找来通晓天文地理的资深风水术士李淳风和袁天罡，让他们分头出行，为自己百年之后选择一处安身之处。

　　二人领旨之后，相约南北分路而行，并以三年为期。二人寻遍大江南北，先后来到九嵕山，均被九嵕山的王者之气所震撼，各自留下铜钱银针作为标记。三年后，二人回京城复命，太宗听到二人都选在九嵕山，便深感惊讶！遂派人前去查验，结果袁天罡的银针正从李淳风埋设的铜钱孔眼中插入，不得不令人称奇。

其实，早在战争年代，李世民带兵打仗多次经过九嵕山，九嵕山孤耸回绝的气势仿佛和他壮志凌云的远大抱负产生了共鸣，便萌生了好感。在后来的狩猎中，又多次领略九嵕山的雄伟气势，便产生了"此实乃朕终焉之地"的想法。贞观十年，长孙皇后孙病故，太宗将其葬于九嵕山下，遂命名"昭陵"。

昭陵的定名，史书没有专门的记载，古代谥法解释"昭"字："圣文周达曰昭，明德有功曰昭。"显然，昭陵是一个歌功颂德的美好字眼。

昭陵因未发掘，其墓道、地宫的情况不得而知，但据文献记载，昭陵以山凿石为墓室，从墓道至墓室深约75丈，前后安置五道石门，墓室内"宏丽不异人间"，墓室内东西两厢列置石函，石函内置铁匣，匣内装着珍贵的殉葬品，传说王羲之的《兰亭集序》真迹就在其中。

昭陵是否被盗，一直是人们最为关注的问题，这里阐述一下昭陵守陵人的观点。

九嵕山地势险要，唐太宗之所以选择九嵕山作为陵寝之地，除了不占用良田，最重要的就是为了防盗，且墓道口设置在半山腰、接近山顶约80米处的悬崖峭壁之上，峭壁高千仞，并以坚硬的石壁做保护，不是轻易可以盗掘的。

另经多次实地勘察，并没有发现盗掘痕迹，据说陪葬昭陵的《兰亭集序》真迹一千多年来也一直未露蛛丝马迹。所以说，昭陵被盗与否至今仍是难解之谜。

如此神奇、神秘的帝王陵墓，免不了有许多神话传说。这里分享一二。

　　传说一：很久以前，在九嵕山主峰半山腰绝壁的石洞里，栖息着一对苍鹰，双翅张开，有两米多长，经常在陵山上空盘旋翱翔。当地群众称它们为守护昭陵的"神鹰"。每到夜间，陵山上常常出现两盏游曳的灯，时隐时现，忽明忽暗，当地群众称作"陵灯"。后来有人大着胆上陵侦查，原来是双鹰夜飞。据分析是因为鹰在岩洞里染上了含磷的物质。不过，在人们对磷没有足够认识的时候，是够神秘，够离奇的了。

　　传说二：相传安史之乱中，在叛军进攻潼关的战争中，眼看唐军要战败，忽然出现一队人马，在潼关南原与叛军激战，使唐军转败为胜。后传说这是昭陵的石人石马显灵助战。据陵令报告，那天昭陵的石人石马莫名其妙地大汗淋漓，人们便更加相信这一传说的真实性。不久，杜甫在《次行昭陵》诗中也提到这件事，说"玉衣晨自举，石马汗常趋"。

三彩女骑马俑

戴胡帽的『富家小姐』

唐（618 — 907）

高36厘米

1972年出土于陕西省礼泉县李贞墓

三彩女骑马俑非常漂亮，她有着高贵脱俗的"富家小姐"迷人气质。俑头戴"山"字形宝相花纹翻沿胡帽，高端大气，上档次。柳眉凤眼，朱红点唇，额前饰黑色花钿，面部圆润丰满。穿圆领连衣窄袖长裙，外套半臂，裙下穿窄口裤，足蹬小蛮靴踩马蹬。左臂微曲，手置腿上，右手置胸前做持缰状。俑身为黄、褐、绿三彩相融；马剪鬃、缚尾，通体施黄褐色釉。马头左后倾，张口微俯，鞍鞯齐备，肌腱清晰，形体肥硕浑圆，有一种静中寓动的力度美。

● 骑马俑（局部）

　　女子额前的黑色花钿，醒目而又少见。花钿又称花子、媚子，施于眉心，形状多样。唐段成式《酉阳杂俎》记载花子始于武后时的上官婉儿，当时有一宫廷政案牵扯到上官婉儿，本该处以绞刑，武则天念她年幼该处黥刑，在她的额头上刺了一朵梅花，把朱砂涂进去。由于上官婉儿长得漂亮，额头那朵梅花更使她秀色倾国，与众不同，于是妇女们递相效仿，在额头绘制图案，名曰花子。唐代贴花钿并非用颜料画出，而是将剪成的花样贴在额前。昭陵陪葬墓出土的壁画中的侍女、贵妇多有额前贴花钿者。花钿样式的丰富多彩，给人良好的视觉效果。

　　俑着胡服、戴胡帽，端庄俊秀，其于温婉秀美中平添了几分男子的潇洒与英气。面带微笑的表情，更加衬托出一位唐代"富家小姐"自信开放、乐观向上的动人形象，体现了强烈的艺术感和时代感。这件陶俑中的佼佼者，昭陵仅此一件，尤为珍贵。

　　《旧唐书·舆服志》载："中宗即位，宫禁宽驰，公私妇人，无复幂蓠之制。开元初，从驾宫人骑马者，皆著胡帽，靓妆露面，无复障蔽，士庶之家，又相仿效，帷帽之制，绝不形用。"这条史料，说从驾宫人骑马戴胡帽的情形。依此，部分学者误以为唐时妇女戴胡帽的情形肇自开元。从李贞墓出土的这件"富家小姐"来看，这种现象，初唐即有。唐朝是我国封建社会最为繁荣发达的时代，"贞观一朝"则更是唐时的鼎盛时期，国力强盛，文化昌盛，政策开放，对未来事物能广泛包容，择其精华而汲取。唐代女装摆脱了汉代袍服的影响，接受了一些外来因素，形成了一整套全新前卫的式样，出现争奇斗艳的空前繁荣局面。除律令格式规定礼服之外的日常着装亦是千姿百态，极富时代特色的着男装或穿胡服也成了当时女性追逐的一种女装潮流。

妇女着装的喜好，是在一定经济基础上形成的社会意识形态，是影响社会风尚、衣冠服饰的一个重要因素。初唐到盛唐间，北方游牧民族的胡人与中原交往甚多，对唐代服饰影响极大。随胡人而来的胡服文化令唐代妇女耳目一新，纷纷效仿。她们对服饰审美的角度不再只倾向于雍容华贵的薄纱衣裙，而且比较欣赏更利于女子出行的胡服。于是，一阵胡服热席卷大唐。

自南北朝起，由于战乱不息，汉人为了便于行军作战，就特别重视对西方、北方少数民族服装文化的吸收，形成了"杂以戎夷之制"(《旧唐书·舆服志》)的官员服装现象。特别是唐代，朝廷废除了官员出外乘车的制度，要求骑马，这样一来，传统的汉式服装势必跟不上时代的要求。所以，唐

三彩女骑马俑

自建国始，官员在一般场合下的服装都比较简洁，其中又更多了一些胡化的成分。在朝廷官员服装胡化的直接影响下，妇女着胡服胡帽，久而久之，妇女更加大胆开放，基本上都是直接拿来我用。因此，当代的诗人和史学家，才把她们当成一道靓丽的风景线，大加渲染。盛唐以后，胡服渐渐湮息，宽袖衣衫取代了宫廷中的窄袖服装。

胡服的特点是翻折领连衣窄袖长裙，腰际束带，头戴毡帽或皮帽，足蹬尖头绣花鞋或半勒软靴，穿带竖条的小口裤，适宜于骑射。胡服的造型，与现代西方某些大翻领宽松式连衣裙款式相似，是综合希腊、波斯文化与中国文化的产物。

昭陵壁画《仕女图》中的女着胡服形象和昭陵陪葬墓所出土的穿胡服的女俑，以及电视剧《武则天秘史》和《唐宫美人天下》里皇帝和武媚娘打马球的精彩场面中，我们都可以看到唐代女子对胡服的喜爱和情有独钟。就连唐代一些古诗句，如元稹诗曰："女为胡服学胡装，伎进胡音物胡乐……"等无不体现了这一服饰习俗。上至王宫贵族、下至民间妇女无所不好，形成了这一时期的服饰审美心态，这也正是胡服的魅力所在。

这件三彩女骑马俑是初唐妇女生活的真实写照，既注重了形似，又注意了神似，从而刻画出了人物内在的精神内涵。它既有唐三彩酣畅自然、巧夺天工的绚丽色彩，又有彩绘釉陶精到细微的工笔描绘，集唐三彩和彩绘釉陶工艺于一身，生动详实地记录着当时的社会风貌、时代风尚和女性追求个性、展现自我的精神状态，无论从考古还是从艺术的角度，都有很大的研究价值。这种对异域衣冠服饰的兼收并蓄，使唐朝服饰的奇葩开得更加艳丽夺目。

蜚声中外的唐三彩

唐三彩是盛行于唐代的一种多色彩的低温釉陶器，它是以细腻的高岭矿土作胎料，施以不同颜色的铅釉，烧制而成。在烧制过程中，用含铜、铁、钴等元素的金属氧化物作着色剂融于铅釉中，形成黄、绿、蓝、白、紫、褐等多种绚丽斑斓的色彩，但许多器物多以黄、绿、白为主，又因它是唐代陶瓷工艺的新品种，所以人们习惯称之为"唐三彩"。

唐三彩的着色没有我国传统工笔画的精到细微，却体现出我国传统国画中写意画与泼墨画的韵味，酣畅自然，巧夺天工。

唐三彩在唐代时期作为随葬品使用，用于殉葬。唐代是我国封建社会的鼎盛时期，辉煌璀璨的唐三彩从另外一个侧面也反映了唐王朝的政治、经济、文化、生活，它跟唐代诗歌、绘画、建筑等其他文化一样，在中国的陶瓷史上留下了浓墨重彩的一笔。

彩绘釉陶着男装女立俑

何为此装束

唐（618 - 907）

高28厘米

1971年出土于陕西省礼泉县郑仁泰墓

彩绘釉陶着男装女立俑头戴黑色幞头，面容丰腴，阔眉细目，朱红点唇，嘴角两边点有黑色面靥。上穿红色圆领窄袖长袍，下着红白相间条纹波斯裤，腰束黑带，双手袖于胸前，立于踏板之上。这件身着男装的彩绘釉陶女立俑，仪容俊秀，体态端庄，姿质风流。昭陵仅此一件，弥足珍贵。

女俑脸上所饰面靥，昭陵陪葬墓出土陶俑中很少看到。唐代妇女喜在

彩绘釉陶着男装女立俑

● 段简璧墓《丽人行》壁画

双颊两旁用丹青、朱红等颜色点染靥窝的妆饰称面靥。《元氏长庆集》元稹诗"醉圆双媚靥";《全唐诗》中吴融诗"杏小双圆靥"之所咏者;段成式《酉阳杂俎》记载:"近代良尚靥,……盖自吴孙和邓夫人也。和宠夫人,尝醉舞如意,误伤邓颊,血流,娇婉弥苦,命太医合药,医言得白獭髓杂玉与琥珀屑,当灭痕。和以白金购得白獭,乃合膏。琥珀太多,及差,痕不灭,左颊有赤点如痣,视之更益其妍也。诸婢欲要宠者,皆以丹点颊。"可见点妆靥面之法由来已久。

妇女穿男装,在《新唐书·五行志》中就有记载:"高宗尚内宴,太平公主紫衫,玉带,皂罗折上巾,具纷砺七事,歌舞于帝前。帝与武后笑曰:'女子不可为武官,何为此装束?'"男装先是由贵族和宫女们所穿着,后渐渐传入民间,为大多数女性所喜爱,女着男装蔚然成风。

唐代男子服饰,以幞头袍衫为尚,幞头又称袱头,是在汉魏幅巾基础上形成的一种首服。早期的幞头戴在头上,顶是平而起褶的,为了好看起见,就在四角接上带子,两角在脑后打成结后自然飘垂,另两角反到前面攀住发髻,可以使之隆起而增加美观。到了唐代,社会上流行高冠峨髻的风尚,所以又在幞头内衬以巾子(一种薄而硬的帽子支架),唐封演《封氏闻见记》记载:"幞头之下别施巾,象古冠下之帻也。"以后幞头造型不断变化,由起初一块民间包头布逐步演变成帽身端庄丰满,展角软硬结合,于平衡稳妥中求变化,脱戴方便,华贵而又活泼的华夏民族冠帽。昭陵陪葬墓出土众多的骑马女俑以及男装、胡服女俑形象正是唐代女性自由生活的真实写照,这件彩绘釉陶女立俑所戴的幞头，就是当时流行的幞头顶部增高的一种。

这件着男装彩绘釉陶女立俑头戴幞头，下穿明艳可人的波斯裤，这种男装胡服混搭的穿着，昭陵壁画中也有出现。1978 年，在陪葬昭陵的段简璧墓中，出土一幅《丽人行》壁画，图中绘有三侍女形象。其前边一人戴黑色幞头，穿圆领白色窄袖袍，下着红绿相间条纹波斯裤，足蹬高筒靴，束腰佩囊，女扮男装，双手拱于胸前，施以男子礼。

波斯裤和琵琶乐器一样，由波斯传入，视为胡服。多为两色相间条纹状，裤腿上宽下窄，裤口紧收，简单大方，便于骑射。波斯裤在昭陵文物中多有看到，充分显示了唐代女性对其青睐有佳。

在封建社会女子着男装，会被视为不守妇道，而在唐代"女着男装"，成为一种时尚装扮，是大唐兴盛时期服饰的一大特点，充分体现了唐代妇女性情旷达，不受约束的个性特征和刚强自信不让须眉的豪迈气概，这也是对封建传统服饰礼制的一个巨大挑战。女着男装和穿胡服是同时流行的，有时互相影响，或者交杂着于一身，这些元素信息，均可在上述文物中得以印证。

服装是社会政治气候的晴雨表，具有里程碑的意义。唐代妇女独有的服饰审美和新奇大胆、帅气前卫的着装，在这件姿质风流的女俑身上表现得淋漓尽致，使我们看到了一个繁荣进步时代下所赋予女性的自信和率性，同时也感知到了大唐的开放与包容。

羃䍦女骑马俑

西域用帽

唐（618 — 907）

高33厘米

1971年出土于陕西省礼泉县郑仁泰墓

　　这件女骑马俑头戴黑色羃䍦（mì lí），阔眉细目，鼻子俏直，朱红点唇。内穿米黄色圆领窄袖襦，外套红色对襟半臂，系黄蓝条纹长裙，右臂自然垂下，手隐袖中，左臂微曲呈持缰状；马虡首张嘴，披鬃拖尾，墨描缰络，鞍鞯贴金饰蔓草花纹。

　　马四肢劲健，神采奕奕，人物则显得血肉丰满，栩栩如生，为初唐妇女骑马出行的写真。工匠们通过细致、精湛的表现手法，使初唐妇女丰富多彩的服饰及着装喜好在这件文物中表现得淋漓尽致。

幂䍠是古代西北少数民族的遮面之巾，最初为男子戴用。照《旧唐书·舆服志》的说法，幂䍠乃是"齐隋旧制"，而且最初"发自戎夷"，它的最大特点是能够"全身障蔽，不欲途路窥之"。言其"发自戎夷"，是有充足理由的。《隋书·吐谷浑传》载："其主以皂为帽，妻戴金花，其器械衣服，略与中国同。其王公贵人多带幂䍠，妇人裙襦，辫发，缀以珠贝。"《旧唐书·吐谷浑传》载："男子通用长裙缯帽，或戴幂䍠。妇人以金花为首饰，辫发萦绕，缀以珠贝。"《隋书·附国传》又载："其俗以皮为帽，形圆如钵，或戴幂䍠。"可见幂䍠的确是西北少数民族所发明的帽子，并且最初是由男子戴用。齐隋时，妇女渐尚骑马，又不欲使人窥之，所以带上幂䍠。

唐初，统治者对幂䍠表示接受，并要求妇女骑马出行时戴用，实是对当时妇女服饰文化的一大吸收。因为幂䍠最初由高寒地区少数民族所创，追求保暖功用的成分较大，将妇女的面颊甚至肩膀包裹的严严实实，这样虽可御寒，但不利于花容月貌的展露，和初唐时妇女追求着装自由的时代风尚明显不协调，所以幂䍠并没有获得初唐妇女的关注，而青睐于四周垂网的帷帽。因此，还引来了一场风波，唐王朝认为这种帷帽浅露，有失礼容，甚至下诏禁断。《唐会要·幂䍠》载，"武德初，袭齐隋旧制，妇人多著幂䍠，虽发自戎夷，而全身障蔽。至永徽以后，皆用帷帽，拖裙到颈，即渐为浅露矣。龙朔三年，有赦禁断，初虽暂息，旋又仍旧"。又载，"咸亨二年八月二十二日，又赦下：百官家口，咸预士流，至于衢路之间，岂

可全无障蔽。比来多著帷帽，遂弃羃䍦，曾不乘车，别坐乘车，别坐担子，递相效仿，浸成风俗，过为轻率，深失礼容。前者已令渐改，如闻犹未止息，理需禁断，自后不得更然"。其实，朝廷并非铁心禁绝，不过是屈于封建礼教的压力，用一纸空文来应付一下，见广大妇女并不买账，依然我行我素，也只好听之任之了。昭陵出土了许多戴羃䍦的骑马女俑，而此时的羃䍦已发展改造成面容外露的形式，妇女戴上羃䍦，骑马驰骋游玩，尽显西域风情。

唐人马缟在《中华古今注》里解释羃䍦时写道："类今之方巾，全身障蔽，布帛为之。"但我们在文物中看到女俑所戴的羃䍦，并没有"全身障蔽"，且帽子上部又呈圆钵形。其中的原因是：女俑所戴的羃䍦，没有做成"全身障蔽"，且面部外露，是符合生活实际的。羃䍦之布帛中间必有开缝，女子不欲使人"途路窥之"，则垂下布帛，布缝相合，全身障蔽；如需向外观看，则将布帛分开，在颌下相交后抛，再在颈后束结，这在上述文物的背面可以看得非常真切。制造陶俑时，工匠必从审美的角度考虑，将布帛做成在颈后束结的情形，以便突出人物面部。至于钵形，实际是用来固定布帛的，也是西域人"以皮为之，形圆如钵"帽子的直接应用。可见，当初西域人所戴的羃䍦，实是把帽子和布帛结合在一起。因为羃䍦能够遮住妇女的面容，所以在隋唐之际，它曾被一些政治家和军事家所运用，让勇士戴之，以充妇女，从而进行政治权谋和军事斗争。《资治通鉴》记载，瓦岗军首领李密归唐后不久，又叛唐东走，欲去河南寻找瓦岗旧部，东山再起，途中谋袭桃林县。他写信给桃林县官，诈称奉诏还京，请桃林

《捧帷帽侍女图》壁画

县官安排其妻妾暂住县舍，得到应许。于是李密"乃简骁勇数十人，著妇人衣，戴幂䍦，藏刀裙下，诈为妻妾，自帅之入县舍。须臾，变服突出，因据县城。驱掠徒众，直趣南山，承险而东，遣人驰告故将伊州刺史襄城张善相，令以兵应接"。行军途中，仓促间居然能够找到数十顶幂䍦，说明这种帽子在隋唐之际的确是相当流行的。

有唐以来，无论是政治、经济、文化等都得到迅速发展，妇女服饰的发展趋势亦是越来越开放。《旧唐书·舆服志》记载初唐妇女刻意追求穿着时的自由："即不在公庭，而风俗奢靡，绮罗锦锈，随由所好，上自宫掖，下至匹庶，递相效仿，贵贱无别。"由于幂䍦包裹得紧密严实，秋冬季节还能适应，春夏必定闷热，所以这时的妇女自然便喜欢上了更能展现女性美的帷帽。在陪葬昭陵的燕妃墓里，就出土了一幅《捧帷帽侍女图》的壁画，画面中女侍左侧向而立，眉清目秀，委婉柔顺，头梳单螺髻，内穿窄袖长衫，外套红色半臂，披浅蓝色帔帛，系红白相间条纹长裙，双手捧一顶帷帽，呈侍奉主人起居状。这种帽子，形若斗笠，周围垂纱。妇女戴上它骑马出行，纱随风动，美貌隐现其中，平添了几分妩媚。

　　冪䍥女骑马俑的出土，使我们对冪䍥有了很直观的认识，它雅致、质朴，更显女子庄重淑雅的姿态，看来初唐朝廷要求妇女出行戴冪䍥，自有它的道理。这也是对西域服饰文化的吸收利用，为我们研究初唐时的社会风尚、服饰文化、雕塑艺术等具有重要的借鉴意义和参考价值。

彩绘釉陶载物骆驼俑

沙漠之舟

唐（618 — 907）

高44厘米
1971年出土于陕西省礼泉县郑仁泰墓

　　彩绘载物骆驼俑为彩绘釉陶双峰驼，引颈昂首，张嘴微喘状。鼻翼张开，双目圆睁有神。驼的头顶、颈下、腿部及双峰为堆塑状驼毛，背上有椭圆形花毯及凹面夹板，驮囊饱满，并绘有精美的彩色花纹。驮囊两端各横置丝绸两卷，丝为两股，拧绞如绳状。在丝绸下面，一旁挂有猎获的山鸡、野兔等，一旁吊有刀鞘、箭囊等，满满的收获。另有一只俏皮的猴子攀爬于袋上。

　　这件载物骆驼俑描绘细腻，造型精准，栩栩如生，充分代表了该时期陶驼制作工艺的超高水平，体现了唐代艺术家娴熟的雕塑技术。鼓满的驮囊，更是显示了大唐的开放与繁荣，也生动地再现了骆驼在丝路古道上长途跋涉的艰辛。可以想象得出，当年的驼队，正是带着黄土高原的尘埃，踏破河西走廊的寂静，满载友谊，促进东西方文化的交流与经济的发展。

在昭陵博物馆"出土文物精华展"的展柜里，向人们展示着一组大大小小、神态各异的骆驼队伍，它们浩浩荡荡、精神抖擞的"行走"在展柜的沙盘中。有单峰驼、双峰驼，有载物的、有驮人的，有抬头挺胸的、有引颈嘶鸣的，它们所组成的"丝路驼铃"成了整个展厅里的一大亮点，游客走到这些造型生动、呼之欲出的"沙漠精灵"面前，流连忘返，赞不绝口！

这些展出的骆驼中，除上述彩绘釉陶载物骆驼外，还有一件同样引人注目的三彩载人骆驼，出土于陪葬昭陵的李贞墓，通高73厘米、长52.5厘米。驼为立姿，引颈张嘴，两峰耸起，后肢直立，前腿略弯，仿佛刚从卧姿直身而起，仰天长嘶，准备踏上西归的征途；俑头戴卷沿胡帽，深目、鹰鼻，阔嘴厚唇，嘴角两边有深唇沟，额、两颊及颔部肌肉隆凸。身着紧身袍服，右半身裸露，腰束带，足蹬圆头靴。双臂曲胸前，两手握拳作持缰控驼状。此俑合牙开唇，面带微笑，给人一种满载而归、快乐回家的喜悦。这件骆驼俑色彩鲜艳，釉色明亮，造型逼真，尤其是其高大的体型，更显示了大唐气象的威武恢宏。

丝绸之路作为世界上最伟大的贸易之路、友谊之路和发展之路，在人类文明交流史上具有无可比拟的地位。而丝绸之路的发展、壮大和"沙漠之舟"的骆驼息息相关。

● 彩绘釉陶载物骆驼俑

● 三彩载人骆驼俑

骆驼是一种反刍动物，它和其他动物不一样，特别能忍饥耐渴，可以在没有水的条件下生存三周，没有食物可生存一个月之久。人们骑着骆驼能够在松软的沙漠中顺利行走而不会陷下去，所以有"沙漠之舟"的美称。

骆驼性情温顺、不畏风沙、忍辱负重，是人们可信赖的朋友，更是丝绸之路上的主要运输工具。在"黄沙西际海，白草北连天"的丝绸之路上，来自西方的商队往来西域与长安之间络绎不绝。他们从遥远的西方带来了香料、金银和水果，在换取东方的丝绸和茶叶后，又踏上归程，真可谓"累并快乐着"。具有"沙漠之舟"美誉的骆驼是商人们的坐骑、货车和避风港，即便历经艰险、长途跋涉，依然忠心耿耿、恪尽职守。

中国现代著名作家老舍的代表作《骆驼祥子》中就有这样一段描述："四外什么也看不见，就好像全世界的黑暗都在等着他似的，由黑暗中迈步，再走入黑暗中；身后跟着那不声不响的骆驼。"小说中的主人公祥子善良正直、热爱劳动，对生活具有骆驼一般坚韧的精神。

骆驼可以运输，可以科考，可以穿越沙漠，至今仍发挥着重要作用。一般认为，骆驼的价值就是沙漠地带中的一种传统交通工具，供驮运货物或是游客的骑乘，但在今天的新疆阿勒泰地区骆驼的经济价值已经被提高到一个新高度，驼奶、驼毛、驼肉已经成为当地牧民主要的经济收入，特别是驼奶的开发利用成为了奶业市场中的新亮点，得到"一带一路"沿线中东国家的广泛看好。如今新疆阿勒泰地区已经发展成为国内骆驼养殖最为集中的产地之一，形成了当地精准扶贫的特色品牌产业。

昭陵陪葬墓出土的这些骆驼俑，复原了当年丝路上的贸易与繁荣，重拾人们对古丝绸之路畅旺的回忆，让古老的丝绸之路再次绽放灿烂的光彩，进一步唤起了人们对历史的记忆和传承。

彩绘釉陶和唐三彩的区别

首先，它们都是以瓷土做胎，吸水程度也一样。其次，制作工艺也大致相同，都是先烧至1100℃，然后施釉并经第二次烧制。施釉时，唐三彩一般面部和手足都不施釉，彩绘釉陶有的施釉，有的不施釉。另外，彩绘釉陶的制胎，都是用手压模制，而唐三彩已大量使用浇铸的新工艺。所不同的是釉色和彩绘的方式。釉色不同：彩绘釉陶的釉色多用姜黄、龙青、粉绿等色，并在同一物体上同时使用，色彩相互融合，形成了多彩。彩绘的方式不同：彩绘釉陶突出的是彩绘工艺，因为釉面光洁，我国古代使用的染料也皆是矿物质，如朱砂、赭石、石绿等，这些染料经过研磨，调入黏性剂，才能紧贴附于他物之上。在施彩之前必先用胶粉打底，再敷彩。用多种颜色画出眉毛、胡须、衣着的皱纹、花饰等，如工笔绘制，入微入细。唐三彩彩绘时，虽然也用笔描绘，但眉毛、胡须等，一笔既成，加之即施的各种釉彩相互交融，便出现了写意泼墨的豪爽与泼辣。

通过以上比较说明，彩绘釉陶与唐三彩除了彩绘以外，二者的胎质、施釉、模制、工序、火候等方面皆相同。因此，我们也可以说彩绘釉陶就是唐三彩的前身。它的出现，诱发了绚丽多彩、色泽亘古不变、更具艺术价值和历史价值的唐三彩的出现，在这个工艺演化史上，彩绘釉陶起到了"催化剂"的作用。

彩绘釉陶镇墓兽

墓室的保护神

唐（618 — 907）

其一高63厘米，其二高56厘米
1971年出土于陕西省礼泉县郑仁泰墓

    彩绘釉陶镇墓兽分别放于墓室门的东西两侧。东侧镇墓兽为人面兽身，头上独角前伸，竖眉环眼，大鼻方口，相貌彪悍异常。昂首挺胸，肩有鬣，背长鳍，蹲坐于踏板之上；西侧镇墓兽为兽面兽身，头上双角后倾，阔口獠牙，面目狰狞，阴森恐怖。背鳍插戟，锯齿形双翼，牛蹄，做蹲踞状。

    这两件镇墓兽，艺术技巧成熟，造型夸张自然，表现出了其"镇"的威力。它俩皆通体贴金，纹饰繁缛精细，颜色鲜亮，为昭陵特有的彩绘釉陶胎质。彩绘釉陶突出的是彩绘工艺，民间工匠把彩绘釉陶运用于镇墓兽之中，更增加了其咄咄逼人、凛然不可侵犯的艺术感染力。

彩绘釉陶镇墓兽（其一）

彩绘釉陶镇墓兽（其二）

镇墓兽是一种墓葬冥器，它是专为死者而设置的镇墓辟邪之物，一般放于墓门两侧。起着守卫墓主、使墓室不受侵扰、护佑墓主人灵魂平安升入天国的作用。它们就像古代战神，匠人们赋予了它很多无所不能的属性（肩有翼、背长鳍、兽形蹄），可在空、水、陆三处任意遨游畅翔，仿佛唐时的"变形金刚"，充当着墓室"保护神"的角色，反映出了古代劳动人民的智慧和愿望。

在封建宗法思想影响下古人有"事死如事生"的丧葬观念，他们认为，阴间有各种孤魂野鬼，会危害死者的鬼魂，为了护佑死者亡魂的安宁，设计出了外形抽象、怪诞狰狞、谲诡奇特，具有强烈的神秘意味和浓厚的巫术神话色彩的镇墓兽。其形制有单头、双头，人面、兽面等多种。

从考古发现的情况考察，镇墓兽最早见于战国楚墓，流行于魏晋至隋唐时期，初为一件，后则成对，均做蹲踞状。五代以后，由于生产力发展以及随之而来的政治、经济、思想等方面的变化，镇墓兽逐渐衰落。镇墓兽在漫长的历史长河中不断有所创新，在各个不同的历史时期，有着不同的艺术风格。

中唐时期，镇墓兽开始被制作成为佛教中的"天王"形象，全身武装，脚踏小鬼，显得十分威严。在陪葬昭陵的临川公主墓中，就出土了一件彩绘红陶"天王"镇墓兽，"天王"脚踩小鬼，一双凸起的眼睛怒目虎视，胡须高翘，张嘴呈呵斥状，神态威猛严峻。小鬼呈爬卧状，头部无力上仰，眼神万分惊恐，被踩踏在地上无力反抗，一副痛苦挣扎状。整个天王俑造型逼真，彪悍粗犷，表现出天王无穷的力量。

在墓室内置镇墓兽这一习俗，反映了古代人们的思想观念普遍都受到灵魂不灭和孝道礼仪的影响，展现出了当时的社会意识形态。

镇墓兽本身承载了很多，不只是观念、民俗、文化，还有审美心理，艺术造型，制作方法上的研究价值，它是唐文化的一角，对它的深层研究将会让我们更加清晰地看清唐文化艺术的脉络。

工匠在创作这两件镇墓兽时，把唐代艺术家丰富的艺术想象和高超的雕塑技术表现得淋漓尽致，使作品透射出一种威镇邪恶、气吞万物的威慑力量。这也从一个侧面，反映了唐代人们生活安定富足所衍生出更多的精神追求和艺术的高度发展。同时为我们研究唐代的丧葬习俗、艺术雕塑等有着重要的借鉴意义。

击鼓女乐俑

村人并击细腰鼓

唐（618 — 907）

高15.8厘米
1976年出土于陕西省礼泉县牛进达墓

这件击鼓女乐俑头梳双螺髻，柳眉细目，朱红点唇，脸庞圆润；内穿低领窄袖襦，外套半臂，系条纹长裙，跪坐于台上；双腿上置一细腰鼓，两手分贴于鼓面，为拍击伴奏状。该俑造型逼真，面带微笑，形象栩栩如生，体现出唐代陶俑精美的制作工艺及工匠精湛的制作水平。所梳双髻，正好是当下流行的哪吒头。

细腰鼓是一种打击乐器，以鼓腰较细而得名。鼓框上有环，用绸带悬挂在腰间，演奏时双手各击蒙皮鼓面，并伴有舞蹈动作。

细腰鼓在我国历史比较悠久。早在晋代时就有谚语："腊鼓鸣，春草

● 击鼓女乐俑

生，村人并击细腰鼓。"现在我国许多少数民族，每逢佳节，都要击细腰鼓来庆祝。

细腰鼓最早发源于古代印度，公元4世纪时，细腰鼓通过丝绸之路传入我国中原，在隋唐时期成为中国音乐史上盛行的膜鸣乐器。而后又东传朝鲜，传入朝鲜半岛后叫"杖鼓"，一直流传至今。其实细腰鼓是我国传统鼓文化中最源远流长的一种鼓，在历史文献中多有记载。特别是在《隋书》《旧唐书》《新唐书》《通典》和《六典》中的《龟兹乐》中多有描述。在青海、甘肃、山西等地4000多年前的新石器时期的墓葬中，就曾出土一批细腰形的陶鼓。先秦时期的腊月击鼓祀百神，也包括细腰形的鼓。魏晋时期，荆楚地区的巫教活动所用的祭具和乐器中都有细腰鼓的身影。

隋唐是中国鼓文化最为活跃的时期，随着细腰鼓从西域的大量输入，各式各样的鼓在乐坛上争奇斗艳、称雄一时，鼓在器乐史上达到了史无前例的高度。唐朝是一个文明进步的社会，不同于汉代的武力扩张，对外政策更多是文化上的交

● 击鼓女乐俑（背面）

流。沿着古代丝绸之路，一路上的飞天腰鼓、丝竹鼓乐、礼仪礼教等等，这一切都得益于中原与西域的乐舞文化交流。彰显着当时国家富足、四夷臣服的社会背景，体现了唐代人们的审美意识和进取信念。

根据考古发现、历史文献和现存实例判断，中国是细腰鼓保存最多、最完善的国家。在汉族、瑶族、壮族、朝鲜族等民族聚居地，现在仍然能够看到同类的各型腰鼓，可见，细腰鼓流传之广。

细腰鼓属于腰鼓的一种。说起腰鼓，不由使人想到今天的安塞腰鼓。安塞腰鼓是一种独具特色的汉族民间大型舞蹈艺术形式，具有 2000 多年的历史，为国家级非物质文化遗产。豪迈粗犷的动作变化，刚劲奔放的雄浑舞姿，充分体现着陕北高原民众憨厚朴实、悍勇威猛的个性，在中国的各地展现风采，并为世界瞩目。安塞腰鼓的表演可由几人或上千人一同进行，磅礴的气势，精湛的表现力令人陶醉，被称为天下第一鼓。安塞腰鼓的形式与发展，和当地的历史地理环境及民情习俗是分不开的。安塞位于陕西省延安地区的北部，地域辽阔，沟壑纵横，延河在境内蜿蜒流过，属典型的黄土高原地貌。历史上就是军事重镇，素有"上郡咽喉""北门锁钥"之称，为抵御外族入侵的边防要塞之一。早在秦汉时期，腰鼓就被驻防将士视同刀枪、弓箭一样不可少的装备。遇到敌人突袭，就击鼓报警，传递讯息；两军对阵交锋，以击鼓助威；征战取得胜利，士卒又击鼓庆贺。随着时间的流逝，腰鼓从军事用途逐渐发展成为当地民众祈求神灵、祝愿丰收、欢度春节时的一种民俗性舞蹈，从而使腰鼓具有更大的群众性，但在击鼓的风格和表演上，继续保留着某些秦汉将士的勃勃英姿。1981 年，在与安塞县毗邻的延安市梁村乡王庄村一处叫"墓陵塌"的小山坡上，群众在耕地时发现一座古墓。其中出土了形制、人物造型相同的两块腰鼓画像砖，均系翻模成型后烧制的。腰鼓画像砖的画面清晰，造型美观，生动地表现了我国宋代陕北地区的腰鼓表演，对研究陕北腰鼓的历史渊源和发展，提供了珍贵翔实的文物资料。

　　这件击鼓女乐俑，为昭陵陪葬墓出土的唯一一件击鼓形象的女俑，也是一件唐代拍击细腰鼓的代表作，是研究唐代腰鼓的形制、发展以及当时的器乐文化的珍贵资料。同时对研究唐朝妇女的头饰、衣着的喜好等也有重要的参考价值。

● 击鼓女乐俑（侧面）

侏儒俑

憨态可掬的小矮人

唐（618 — 907）

高12厘米
1971年出土于陕西省礼泉县郑仁泰墓

　　这件侏儒俑头戴黑色幞头，身穿敞领交衽长衫，腰束黑带，脚穿黑尖鞋。墨描眉目，小胡须，袒胸露腹。此俑造型精准，描绘细腻，生动传神。工匠通过高超的技艺和细致的观察力，塑造出了侏儒头大身短的这一显著特征，才使其更显行动蹒跚，一副憨态可掬、逗人发笑的神态。

　　在我国古代封建贵族的府邸生活着一个特殊群体——侏儒。他们身体发育畸形，被贵族们收养在家，表演杂技歌舞，以供开心取乐。平时生活中却备受达官贵族们的压迫，素有"人仗""人凳"之称。中国古代皇室

● 侏儒俑

官僚常以侏儒为倡优弄人。所谓侏儒，是指因多种原因导致的生长激素分泌不足而致身体发育迟缓、畸形，身材特别矮小之人。侏儒一般智力发育正常，常见症状为四肢明显短小，下半身显著比上半身短，头围较大，腹部前挺，臀部凸显，手指粗短，成年人身高在 120 厘米以下。

古代还有关于侏儒国、短人国、僬侥国、周饶国的种种说法。《史记·大宛列传》云："小人国在大秦南，人才三尺。有耕稼之时，惧鹤所食，大秦卫助之，即僬侥国，其人穴居也。"《旧唐书·隐逸传》中载："道州土地产民多矮，每年常配乡户，竟以其男号为'矮奴'。"可知唐代侏儒大多来自道州（今湖南南部，与两广毗邻）。道州每年向朝廷进贡一定数量的侏儒已成惯例。唐德宗时，阳城为道州刺史，他多次上书朝廷，要求停止侏儒的进贡，最终获准。著名诗人白居易《道州民》中写道："道州民，多侏儒，长者不过三尺余。市作矮奴年进贡，号为道州任土贡。任土贡，宁若斯，不闻使人生别离，老翁哭孙母哭儿。一自阳城来守郡，不进矮奴频诏问。"《汉书》记，汉武帝刘彻就曾收养一批侏儒。因为新到，一时还没有派上用场。当时，历史上有名的滑稽大臣东方朔，初到京城，听说朝廷征召天下贤良之士和有文学才能的人。于是，东方朔就前去应聘。他洋洋洒洒地给汉武帝写了三千片竹简的自荐书，武帝读了，赞赏他的气概，命令他待诏在公车署中，俸禄不多，也得不到武帝的召见。过了一段时间，他不满意目前的处境。一天出游都中，见到新招的这些侏儒，于是，他想了个怪主意，对那些侏儒们说："上以若曹无益于县官，耕田力作固不及人，临众处官不能治民，从军击虏不任兵事，无益于国用，徒索衣食，今欲尽杀若曹。"侏儒们听后吓得哭起来。东方朔又假装要帮他们，就让他们一看见皇帝就"叩头请罪"。过了几天，见汉武帝路过，侏儒们一边叩头，一边大声哭嚷。汉武帝莫名其妙问其原因，侏儒们说："东方朔言上欲杀臣等。"汉武帝即刻召见东方朔，问他为何要恐吓侏儒。东方朔回答说："臣朔生亦言，死亦言。朱儒长三尺余，奉一囊粟，钱二百四十。臣朔长九尺余，亦奉一囊粟，钱二百四十。朱儒饱欲死，臣朔饥欲死。臣言可用，幸异其礼；不可用，罢之，无令但索长安米。"汉武帝听后哈哈大笑，遂录用了思路敏捷，诙谐风趣的东方朔，并任命他为待诏金马门，这样见到皇帝的机会就多了些。当然，这只是东方朔以哄骗、利用侏儒而取得机会觐见皇上的幽默故事，但足见古代帝王，乃至达官贵府收养侏儒是真实有据的事。

昭陵陪葬墓出土的四千余件文物中，侏儒俑共计 6 件。虽然所占比例极小，但它们均以特殊的塑型，幽默有趣的神态颇受大家的喜爱。体现出唐代工匠精湛的雕刻、绘画技艺及陶俑精美的制作水平，也是封建社会达官贵族收养侏儒供他们取乐，为他们服务的实物见证。

当今社会也有像上述侏儒俑式的"小矮人"，他们被文明的称为"袖珍人"。在云南昆明山区黑荞母村，居住着 100 多个袖珍人，他们组成一个"小人国艺术团"，每天向前来参观的人们表演节目和展示才华，受到游客们的赞赏和尊重。他们像常人一样安居乐业，自食其力。闲暇时，他

● 侏儒俑

们还会种菜、种花、养猪、养牛、开餐馆。还会玩电脑、刷微信、网上购物等。作为弱势群体，他们发挥着自己的聪明才智和专长才艺，在各类综艺节目中，表演杂技、魔术及乐舞等，受到社会各界的关心和支持。总之，这些"袖珍人"没有被社会淘汰、歧视，他们凭借着自己的努力和技艺，自信、自由、幸福的生活着。

帔帛女立俑

坐时衣带萦纤草

唐（618 — 907）

1971年、1979年出土于陕西生礼泉县郑仁泰墓、杨温墓

唐代是中国封建社会的鼎盛时期，尤其是贞观、武周、开元年间，政治气候宽松，封建礼教对女性生活约束较少，女子在服饰方面呈现出华贵、考究、新奇、大胆的着装效果，出现空前的争奇斗艳繁荣局面。除了基本的上衫下裙搭配外，唐代女子无论贵贱皆有披帔，成为一种风尚。

帔帛是妇女披在肩上或搭于手臂上的一条长长的彩带，多以丝绸或轻薄的纱罗裁制，上面印画纹样，长度一般为两米以上。帔帛的花色和披戴方式很多，有的将其两端垂在手臂旁，一头垂得长些，一头垂得短些；有的将其一端束于裙内，一头绕过肩背，顺臂下垂，还有的将其两端捧在胸

前等，帔帛会随女子行走时而飘动，十分优美。

从目前遗存下来的历史资料看，帔帛在东晋时尚未出现，敦煌莫高窟 288 窟北魏壁画女供养人及 285 窟西魏女供养人已有帔帛，但仅局限于佛教题材的壁画中，南朝陶俑身上仍未见。此后，隋因之，至唐时盛行。《旧唐书·舆服志》载："风俗奢靡，不依格令，绮罗锦绣，随所好尚。上自宫掖，下至匹庶，递相仿效，贵贱无别。"孟浩然在《春情》中有"坐时衣带萦纤草，行即裙裾扫落梅"的诗句。唐玄宗也曾颁下诏令：宫中二十七世妇和宝林、御女、良人在随侍和参加后宫宴会时，都须身披绣有图案的帔帛。而宫女们在端午节时，也要披较为华丽的帔帛。可见帔帛在唐时盛行的程度，它是美丽女式唐装的点缀，走路随风摆动，显得潇洒自然，使原本讲究的唐服更显华丽飘逸。

从敦煌莫高窟壁画，昭陵长乐公主墓、段简璧墓壁画，乾陵永泰公主墓壁画及石椁线刻画宫女图，到周昉《簪花仕女图》、张萱《虢国夫人游春图》、唐人《宫乐图》等各种文献古迹中，都可看到形形色色的帔帛以各种流行样式披绕在女性身上。昭陵陪葬墓出土的陶俑也不例外，比比皆是。

《旧唐书》对波斯人有"妇人亦巾帔裙衫，辫发其后"的记载，从波斯萨珊王朝银瓶人物画上，所见女装也有帔巾，与唐代帔帛形式略同。又新疆丹丹乌里克出土的早期木版佛画也有帔帛，唐姚汝能《安禄山事迹》中说："天宝初贵游士女好衣胡服、胡帽，妇人则簪步摇，衩衣之制度，袖窄小，识者窃怪之，知其戎矣。"由此而知，帔帛是通过丝绸之路传入

李震墓壁画《嬉戏图》

中国的西亚服饰，后与中国当时服装相结合，吸入西域服饰的特点，为我所用，使我民族服饰更加丰富多彩。

唐代帔帛分为两种，一种布幅较宽，着时披在肩上，垂于肩侧；一种布幅较窄，但长度有所增加，着时将其缠绕于双臂，走起路来，迎风招展，妩媚动人。在昭陵壁画中就能看到衣袂飘飘的柔弱女子，肩披彩帔，臂缠飘带，她们的帔帛与服饰相互映衬，虚实结合，动静相宜，如仙似幻，令人神往。如李震墓壁画《嬉戏图》中两侍女均穿窄袖衫，系层裙，披长帔帛，帔帛一端束于裙内，一端随着扭动的腰肢而飘起，活现了人物婀娜多姿的身材和天真活泼的性格。

到了五代时期帔帛变的越来越长，成为一条飘带。宋代女性已不再使用帔帛了，取而代之的是一种极致繁复华美的霞帔。从此，帔帛在现实生活中逐渐消失了，但它却成为侍女服式中不可缺少的一部分，并出现在各个时期的侍女画作品中。古代侍女的万般仪态、娴静温婉便在彩帔绣带这种灵动飘逸中表现得淋漓尽致。京剧《天女散花》里，戏曲大师梅兰芳舞动长长的飘带，那一定也是对帔帛象征性地极端发挥。

今天我们的衣饰中，围巾和披肩可能算是与帔帛最相类似的了，然而帔帛所传达的那种婉约、高贵、灵动的雅致风情却远非今天的衣物所能表现得出的。当我们在品味侍女画、壁画、陶俑中妇女披帔帛的美丽形象时，不由感叹其不因岁月尘埃而消退的艺术美感。它从一个侧面反映出社会的更替，风尚的变迁和一个时代的文化内涵。

高髻帔帛女立俑

双螺髻帔帛女立俑

刀髻蛟帛女立俑

贴金彩绘釉陶文武官俑

国之栋梁 俑中精英

唐（618 — 907）

文官俑高68厘米，武官俑高73厘米
1971年出土于陕西省礼泉县张士贵墓

　　文官俑头戴黑色进贤冠，身穿橘红色对襟阔袖长衫，胸前配裲裆甲，束蓝色腰带，着乳白色裳，足蹬黑色高头如意履。双手拱胸前，肃然恭立于石质台座之上。衫缘、袖口、襟边饰有红、蓝、黄花型的精美图案，衣、冠及裲裆甲边缘均贴金。仪态清俊儒雅，目光下视，若有所思，一副居安思危的神态。整个俑表现出的是满腹经纶、胸有成竹的文官特有的气质形象。

　　武官俑头戴兜鍪，有护耳、披幪，蹙眉瞪眼、闭嘴，留有小胡须，身穿铠甲，铠甲前身左右两片上，各在胸口处装有圆形护镜，铠甲背部连成一片。前后两甲在肩部用带扣相连。两肩披膊作双重，上层做虎头状，烘托出猛虎般威风的气势。着红色战袍，铠衣下露出蔽膝飘垂，足蹬黑色圆头靴。通体有精心设计的图案花饰，多处贴金，双手握拳作持兵械状。神情严肃，仪态英武，透出一股"大唐不可侵犯"的威猛之势。

两件陶俑保存完整，制作精细，工艺考究，达到了无可挑剔的地步，代表着唐代陶制工艺水平的顶峰，再现了初唐时辉煌的文明成果。

文官俑和武官俑是一对，同为彩绘釉陶质地，皆通体贴金，故称其为贴金彩绘釉陶文官俑和贴金彩绘釉陶武官俑。

这种在衣服上多处贴金的陶俑，昭陵绝无仅有。且彩绘、贴金技术被综合运用，工匠通过精湛的技艺，使金箔材料与文物质地紧密吻合，这样便出现了视觉上的极佳效果。唐朝的服饰章彩华丽，影响了多个朝代。时至今日，东亚地区的一些国家，

贴金彩绘釉陶文官俑

贴金彩绘釉陶文官俑

贴金彩绘釉陶武官俑

● 贴金彩绘釉陶武官俑（局部）

仍把唐朝时期的服饰作为正式的礼服，可见影响之大。

文官俑所戴的进贤冠和武官俑所戴兜鍪，都是唐代官帽的一种。官帽和官服一直是封建社会地位和权利的象征，它相当于现代社会的文凭。两俑服饰皆是传统的官服式样，色彩搭配极其讲究，图案描绘细腻，排列有序，注入了当时上流社会流行风尚的诸多元素，代表初唐官服的一种，渗透着高贵和庄严的气息。尤其是甲衣上的装饰，更加繁缛细致，是初唐时期铠甲的典型样式。初唐的铠甲和戎服，基本保持着南北朝以来至隋代的样式和形制。贞观以后，上层集团奢侈之风日趋严重，戎服和铠甲的大部分脱离了实用的功能，演变成为美观豪华，以装饰为主的礼仪服饰。"安史之乱"后，重有恢复到金戈铁马时代的那种利于作战的实用状态。

仔细观看，文、武官俑的眉毛、胡须都是一根一根的画上去的，工笔到位，细致入微。尤其是文官俑的耳孔都做出来了（一般陶俑只做个耳朵轮廓，根本看不到耳孔），可见工艺之高超。

有了耳孔，似乎表现出了"兼听则明、偏听则暗"的时代精神。唐以前陶俑的背部塑造是齐平的，如刀切一样，但这两件陶俑的背影比较饱满写实，给人一种力量感。

如此高大精美的两件陶俑出土，震惊世人，为几十年来我国考古界所罕见。1996年6月，被国家文物鉴定委员会评定为"国宝"级文物，成为昭陵博物馆的镇馆之宝，曾先后去日本、美国、中国港台等地展出，这也是对它们"国宝"级身份的进一步肯定。

两件陶俑之所以能成为"国宝"级文物，除了精湛的工艺和绚丽的色彩外，与它们的彩绘釉陶胎质有一定关系。彩绘釉陶是唐代一种陶俑制作新工艺，它是以瓷土做胎，依制作瓷器的工艺程序烧制，先烧至1100℃成素胎，再施铅釉以氧化焰烧至800℃，然后再敷彩描画，彩绘釉陶故此得名。有的还贴金，叫贴金彩绘釉陶，昭陵出土的最具代表性的文物，就是上述两件贴金彩绘釉陶文官俑和贴金彩绘釉陶武官俑。由昭陵博物馆已发掘有彩绘釉陶俑的墓葬可以看出，彩绘釉陶的上限是贞观十四年（640），下限是麟德元年（664）。仅有二十余年，在以后的墓葬里，彩绘釉陶就销声匿迹了，取而代之的是异军突起的唐三彩，所以彩绘釉陶就成了昭陵最具代表性的一种文物。

彩绘釉陶成就下的两件艺术珍品，是初唐时期遗留下来的历史瑰宝，具有很高的史学价值和考古价值，为制陶工艺、雕塑艺术等方面提供了实物资料，给中国工艺美术史写下了重彩浓墨的一笔，不愧为"俑中精英"。

它们逼真的造型、栩栩如生的外表，是当时文武官员精神面貌的真实写照，凸显了大唐"国之栋梁"睿智、威武的精明形象。透过它们，我们感知到了唐朝的强大、进步和繁荣。

张士贵其人

张士贵，字武安，弘农卢氏（今河南卢氏县）人。少年英雄，隋末农民起义领袖，威震虢州。李渊、李世民父子起兵晋阳，张氏遣使输诚，蒙授右光禄大夫，后历第一军总管、通州刺史、虢州刺史、秦王府右库真、骠骑将军，以功加勋上柱国，赐爵新野县开国公。武德九年，助太宗发动玄武门事变，事宁，授太子内率。贞观时，历玄武门长上、右屯卫将军、右武侯将军、右屯卫大将军、兰州都督、幽州都督、扬州大都督府长史等，改封虢国公。永徽初，召拜左领军大将军，后授领军大将军。显庆二年六月三日（657年7月19日）薨，享年72岁，同年十一月十八日（657年12月28日）陪葬昭陵。既然张士贵为历经三朝皇帝的初唐名将，墓里随葬如此高大上的文物，实属当然。

彩绘贴金双头镇墓兽

双面人兽

唐（618 — 907）

高51厘米，长47厘米
1990年出土于陕西省礼泉县韦贵妃墓

彩绘贴金双头镇墓兽，红陶质地，重 27.25 千克，造型为人面兽身，两头共用一身，双头相背而立，共有四蹄，每侧两前蹄各支撑其头，后体共用，造型从侧面看起来比较接近大写的"H"。面部双目圆睁，眉毛竖起，鼻梁宽扁，嘴上面有髭须，下有络腮大胡须，双耳直竖，形状似牛耳，头部毛发向上竖起成尖锥状，抬头挺胸，肩部有双翼，翼上彩绘五彩缤纷，并有贴金痕迹，蹄分四趾，四蹄挺直立于黑色踏板上。通体彩绘，墨描眉目，朱红点唇，造型威猛霸气、气势恢宏，显得神奇又神秘。

这件双头镇墓兽曾多次赴海外展览，得到海内外游客的普遍好评，因其奇特的造型、精美的制作工艺而被各国文物专家誉为"东方人面狮身像"和"中华艺术之瑰宝"。它的出现，让人们看到唐代镇墓兽的形象不仅仅是单纯固定的人面和兽面两种，为人们研究唐代镇墓兽的造型和发展演变提供了第一手资料，也说明了镇墓兽在唐代人们心目中的地位和当时的社会习俗和丧葬礼制，向人们展示了唐人丰富的想象力和创造力。

该镇墓兽的彩绘工艺中，同时还运用了唐时陶俑制作工艺中比较少见的贴金工艺技法，使得俑整个造型威猛霸气、华丽富贵而又不失沉稳内敛。其躯体高大、制作精美、装饰华丽、色彩鲜艳，造型质朴雄浑、饱满流畅，呈现出该时期陶俑制作和彩绘工艺的超高水平，也从侧面反映出初唐到盛唐的过渡时期，陶俑制作工艺的飞速发展以及当时社会丧葬习俗中，镇墓兽在人们心目中形象的变化。

镇墓兽，是指古人的丧葬习俗中放置于墓葬内的一种冥器。古人认为，阴间有各种野鬼恶魂，会危害死者的灵魂，因此设置镇墓兽的目的不仅是为了避邪，镇摄鬼怪、保护死者灵魂不受侵扰，也有引领死者灵魂升天的作用，所以它的产生还与佛教思想有着一定的关系。镇墓兽的外形抽象，造型构思谲诡奇特，形象恐怖怪诞，具有强烈的神秘感和浓厚的神话色彩。我国古代墓葬中常见的镇墓兽有面目狰狞的兽面或凶悍威猛的人面造型。

根据目前的考古资料，镇墓兽最早见于战国楚墓，流行于魏晋至隋唐时期，五代以后逐渐消失。镇墓兽的质地，最早以木质为主，发展到后来多为陶质和唐三彩。唐代镇墓兽的质地早期主要以陶质为主，工艺上运用彩绘，发展到兴盛时期多以彩绘釉陶和唐三彩为主，后期大多以不施彩釉的红陶素胎制作。

唐代镇墓兽一般都是和武士俑成套出现，并一前一后各自成对位于墓室之中。盛唐是镇墓兽发展的盛行时期，这一时期的镇墓兽做工繁复、精美华丽，具有极高的艺术观赏价值；唐代后期，镇墓兽的造型和制作工艺已经发生了本质上的变化，造型变小，制作比较粗糙简单，已经没有了盛唐时期宏大的造型气势和华丽的彩绘装饰；到了晚唐，由于"安史之乱"对社会和人们生活的极大冲击，镇墓兽在丧葬制度中的地位发生了比较大的变化，人们对生活的追求已经由精神追求回归到对实际生活中的物质需求和对美好生活的向往，一些贴近生活的猪、牛逐渐取代了镇墓兽的地位而出现在墓葬中。这些也体现出当时社会状况对人们思想意识和丧葬礼俗的影响。

关于镇墓兽的来源，既有传说也有专业研究方面的说法。据《周礼》记载，有一种怪物叫魍象，据说这是一种专食亡人肝脑的怪物，出入于陵墓。同时又有一种神兽叫方相氏，相传是驱疫避邪的神，有驱逐魍象的本领，所以人们常把方相氏立于墓侧，以防怪物的侵扰。还说这种方相氏为人身兽足，有黄金色的四目，掌上蒙着熊皮，头套面具，穿黑衣红裤，执戈举盾，是驱鬼除怪的神兽的象征。所以有学者认为，使用镇墓兽的习俗以及镇墓兽的造型，就是由"方相氏"的传说演化而来的。

● 彩绘贴金双头镇墓兽

另外，有学者认为镇墓兽的造型很多与《山海经》里的珍奇神兽有着直接的关系，如《山海经》里人面、兽身、鸟翼的"化蛇"、人面虎身的"马腹"，还有大家所熟悉的"貔狕""辟邪"等神兽，经过古代工匠们利用丰富的想象力对这些神兽原型进行拼接组合，从而产生了镇墓兽形象。同时，也有学者认为唐代人面镇墓兽的面部特征接近于凶猛彪悍的胡人形象，认为这也是一种具有丰富想象力和创造力的组合。

　　镇墓兽是整个丧葬礼制中不可缺少的一部分，它以鲜明具体的形象表现了古时候人们对墓葬礼制的崇拜和敬畏，其形象充分包含了那个时代人们的审美观和社会风俗的思想理念，有着深刻的文化内涵和精神寄托。韦贵妃墓双头镇墓兽以其奇特的造型、精美的制作工艺成为"国之瑰宝"当之无愧，它充分体现了镇墓兽在唐代丧葬制度中的特殊地位，也是唐人对唐代之前镇墓兽形象的深刻理解和完美展现，堪称唐代丧葬文化艺术的代表。

骑马胡商俑

丝路胡商

唐（618 — 907）

通高51厘米
1990年出土于陕西省礼泉县韦贵妃墓

这件彩绘红陶骑马胡商俑头戴黑色直沿胡帽，内着深红圆领衣，外穿红色小翻领窄袖胡服，领口施粉绿釉，条形包裹于腰间缠绕两圈；下着窄腿裳，足蹬黑尖靴，弯眉竖眼、阔鼻厚唇，双目圆睁、双唇紧闭，双臂弯曲、双手紧握呈控缰状；马剪鬃缚尾，张嘴嘶鸣，黑色鞍鞯，马背驮负红色货囊；人及马均以墨色描绘眉目，使得造形更加生动逼真，富有动感。

骑马胡商俑的出现，把史书记载中唐代东西方经济贸易的交流以直观的形式真实的展现在人们面前，特别是这件胡商俑腰缠包裹、马驮货囊的

● 骑马胡商俑

造型，仿佛让人们目睹了 1300 多年前各国商人争相来到大唐，往返于丝绸之路，带动了东西方的文化、文明、贸易的交流和交融，领略了"丝绸之路"上"商旅往来、不绝于道"的繁荣场景，感受到大唐帝国的强大和繁盛。胡商俑的出现，对于研究大唐经济、贸易、对外关系和开放政策都提供了形象的资料。

这件骑马胡商俑质地为红陶，并采用了彩绘工艺，其造型高大，制作精美，人、马比例准确。人物肩宽腰壮、神态威严警惕，充满异域特征，从坐姿便可感觉到他的彪悍威猛和机警霸气；马身体健硕、肌肉分明，肥不露肉、瘦不露骨，紧束的尾巴有力的翘起，呈现出马的力感、动感和美感。正是这些造型上的细节，展现出唐代制陶工艺高超的水平以及工匠们对胡人胡马的细致观察和充分了解，也从侧面反映出唐代胡汉交融已经深入人心。

胡俑是以胡人形象为蓝本的陶俑，考古学家根据其特征和地域称其为"胡俑"。有学者认为，胡人是中国古代汉人对北方和西方地区少数民族的统称，不同的历史时期，胡人所指的范围也不同。像先秦时期，胡人指匈奴人；汉晋时期，胡人的范围由北方逐渐扩大到西部地区。随着丝绸之路的繁盛，这些被称为胡人的特殊群体，沿着丝绸之路大批东移，从中亚、西亚地区到西域，然后再到中原地区，往来于丝绸之路。在这些胡人当中，以来大唐经商的人数最多，他们频繁地进行商品贸易交易，换取利润，唐时称之为"胡商""商胡"或"贾胡"。他们在唐代属于一个独特的社会阶层，能吃苦，脑子灵活，生存力强，不但是东西方国家贸易往来的载体和支柱，而且还将东西方交融的文化和思想观念传递到了东西方的各个国家。

唐代自高祖、太宗皇帝开始，就采取了一系列民族怀柔政策，任用相当数量的少数民族将领，开放大唐与周边少数民族和西域等地的交通路线，吸引了大量"胡商"远道而来。唐代统治阶级还通过和亲政策与友好往来政策，与西域以及中亚、西亚等国家进行积极的经济贸易往来，这种友好、积极的民族政策和对外政策也为"胡商"大量来到大唐经商奠定了基础。

初唐是唐代文化最兴盛时期，大批的胡人来到长安，使长安掀起一股"胡风"。那时候，长安城有个"西市"，就是胡人商业交易最集中和繁华的中心市场，长安城里男男女女的汉人，曾一度流行穿窄袖、细腰身的胡服，跳胡人

● 骑马胡商俑（局部）

舞蹈，听胡乐，吃胡饼，喝葡萄酒。在中国，人们至今称呼很多东西都有个"胡"字，比如胡麻、胡豆、胡桃、胡笳、胡琴等等。

大唐帝国欢迎支持"胡商"来中原经商的皇帝以唐太宗李世民最为突出。有名的谏臣魏征曾向太宗皇帝进谏，认为倘若允许外国和外族人员来大唐经商，会促进唐代商业的发展，但是若给予外来人员过高的待遇，则会损害国家的利益。这种思想无疑也代表了太宗皇帝的想法，通过积极鼓励、有效节制和管理，唐太宗时期"商贾往来，与边民交市"的友好交流现象比较普遍。不仅如此，在太宗以后的各代皇帝多认同这种由胡商带动的贸易交流，使得这种有利于东西方经济交流的商业观念始终贯穿着整个唐朝，故有唐一代，全国各地只要有贸易交流的地方，就会出现"胡商"的忙碌身影。

不仅如此，大唐帝国对于"胡商"在唐经商还给予了一定的优惠政策和鼓励措施来保护其正常的贸易活动，像设立专门的胡人商业区，这尤其以长安最为突出。长安是唐代的政治、经济、文化中心，人口近二百万，许多中外商人云集于此，贸易来往非常繁盛。长安的东、西两市是当时长安城最繁荣的商业区，东市有二百多个行业，货栈、店铺鳞次栉比。西市的繁华情况与东市不相上下，在这里居住着大量的西域胡商，有回纥、大食、波斯等国的商人。

开放的政策使大量的"胡商"涌入中原，其足迹遍至城市乡村、内地边疆，为唐人带来了异族、异域的特产，如胡麻、香料、药材、珠宝、胡食、佛教等，带走了大量的丝绸、瓷器、种子等等，繁荣了唐代的商品经济和对外贸易，丰富了唐人物质生活和文化生活，促进了唐代社会经济的发展和各民族的融合。

同样，频繁的贸易往来，使得这些"胡商"也积累了大量的财富，他们经过不懈的奋斗，往往富甲天下，"资产亿万计"，即使是经营一些小的作坊、商铺、酒店，也是经营有道，招揽了许多唐人光顾，满足了大唐社会各阶层的需求，同时也积累了自己的财富。也有些"胡商"凭借自己雄厚的财力，交结王公贵族，甚至以财富购置奇珍异宝邀宠皇帝，以求得政治上的特权和厚利。

唐代胡商的发展与唐帝国对胡商的认可和积极、有效的扶商政策有关，也和唐代开放的民族政策、繁荣的商业环境、兼容并蓄的文化背景、稳定的社会秩序都密切相关。胡商正是在这种社会背景下，创造了丰富的物质文化，给唐代社会以及各少数民族国家的经济注入了新的生机和活力，是大唐和西域、中亚、西亚各国的经济和文明发展融合的催化剂。

彩绘白陶天王俑

唐墓的守护神

唐（618 — 907）

其一高129厘米，其二高122厘米
1972年出土于陕西省礼泉县李贞墓

唐彩绘白陶天王俑，共两件，出土时分别位于墓门两侧，左右对称，互为一对。

其一：天王头戴云边翻沿鹖冠，鹖首前伸、颈后敛、高竖双翼、鼓目突睛，尖勾嘴；身体微右向侧，方面阔额、浓眉上撩，双眼圆睁，眼珠特意刻画，阔嘴露齿，八撇翘胡，大鼻直挺，面容威猛，神态严峻，十分凶悍；身着明光甲，双肩有护膊，护膊形似怪兽，怪兽头顶为锯齿状，有双角，双目圆睁，长鼻上翘酷似象鼻，此护膊更加增添了天王无比威严的气势；天王右手微握，掌心向上，左手竖起，拇指与无名指捏合屈指做法势；其护颈高而硬，两端卷曲，两胸、腹部均有护甲，袍衣为箭袖，腰下垂膝

裙，裙摆飘起，充满动感；足蹬云面鞋
靴，双腿呈箭步，脚下踩一小鬼，右腿
踏小鬼臂部，左腿踩小鬼臀部，一派威
武雄壮的模样。小鬼为兽面人身，头发
上竖如火炬状，双耳似牛耳，獠牙外露，
脚有两趾，一腿弯曲，一腿前伸叉坐于
椭圆形底座上，四肢欲动呈挣扎状。

其二：天王俑造型和第一件极为相
似，只在细节上稍有区别，天王足下所
踩小鬼为人面形象。

这两件天王的面部表情刻画逼真传
神，造型精美，做工精致，为唐代天王
俑中不可多得的精品。艺术家在制作的
时候发挥了丰富的想象力，运用夸张的
手法，通过高矮强弱的鲜明对比，表达出
正义必将战胜邪恶的主题。另外，李贞墓
葬于"开元盛世"时期，其墓天王俑的
造型比较张扬夸张，除了铠甲装饰更加
繁缛外，以英猛善斗的鹞鸟作为兜鍪的
装饰，使整个造型威猛霸气又不失灵活

● 彩绘天王俑（局部）

风动。也从侧面反映出盛唐时期富足生活带给人们的自信、安逸、满足的社会现象，对我们研究唐代的社会风尚、丧葬习俗、艺术雕塑等具有极高的探讨价值，也有着重要的借鉴意义。

李贞墓天王俑呈现出该时期陶俑制作工艺的超高水平，无论从精美的造型、高大的形制还是独特的制作工艺上均属天王俑中的佼佼者。同时，天王俑制造艺术技巧娴熟，造型既夸张又自然，其面部表情、姿态动作，甚至着装及服装上的各种装饰，无不和谐一致。工匠通过对小鬼的神态刻画来表现天王的无边力量，造型既夸张又切合实际，给人一种真实自然的感觉，充分体现了武士外表威武和内在刚毅的和谐统一，唐代艺术家丰富的艺术想象和精湛的雕塑技术也表现得淋漓尽致。

更令人惊叹的是，这两件天王俑到目前为止没有发现模制的痕迹，其制作工艺有棱有角，刻画之细致已极致到夸张，如鹝鸟的翅膀、嘴部，兽头护膊的鼻子，天王的眼睑、胡须的丝丝刻画等等，处处都可以发现与雕塑相同的特点，显然，此天王俑在制作方法上与普通陶俑不尽相同。

封建社会，人们信奉生死轮回，相信灵魂不死，为了驱魔避邪，震慑鬼怪，保护死者的灵魂不受侵犯，同时也为了达到恐吓盗墓者的目的，就在墓中放置镇墓俑。镇墓俑一般包括镇墓兽、十二生肖俑、武士俑和天王俑。

天王俑也称神王，源于佛教中统领一方的护法神，其形象一般出现在佛教的寺庙和石窟中。佛教自汉代传入中国后，逐步汉化，天王也不例外，它们逐渐失去原来的姿容和身份，成为经过艺术夸张的中国武士形象，其

象征意义已经超越佛教领域，成为凡
人世界正义、威猛的象征。天王俑正是
人们在佛教思想的影响下，以现实生活
中武士的形象为依据，融入了人们的某
种想法，加以艺术夸张创作而成的。

　天王俑既能降魔伏妖，守护佛法，
也能驱鬼辟邪，保护墓主的安宁，因
此天王俑往往被达官贵人奉为死后的
保护神，佛法无边，有天王俑的保护，
可保死者灵魂安宁、平安轮回。在众
多墓葬考古发掘中，天王俑是出现较
多的镇墓俑。其从唐高宗时期开始在
墓葬中出现，并逐渐取代武士俑，其
身份也超越了佛教的护法神，成为墓
主的守护者，为墓主降魔伏妖，驱鬼
辟邪，保卫墓主的安宁。到晚唐时期
随着丧葬习俗的变化又被铁牛、铁猪
所替代。天王俑的出现和存在，也反
映了这一时期的丧葬礼俗，社会习俗
和社会精神风貌。

彩绘白陶天王俑（其一）

彩绘白陶天王俑（其二）

鹖冠

天王俑所戴帽饰称为鹖冠，鹖冠是一种
以鹖鸟作为装饰的冠，是古时武官佩戴
的一种流行冠服。鹖，鹖鸟，古书上说
的一种善斗的鸟，古书记载鹖鸟健勇善
斗，至死不却。《晋书·舆服志》记
载："鹖，一种鸟名，外形像鹖而毛色
微黑，生性善斗，果敢勇猛，其斗至死
乃止。"鹖冠最迟在战国已有，据载赵
武灵王时，就曾将鹖鸟尾羽装饰武将的盔
帽，以示激励。鹖冠至汉代已成为武官的
冠服。北魏时期，武士头戴鹖冠，鹖鸟栖
于冠顶。唐代最流行的鹖冠，就是在冠上
装饰鹖鸟全形，把冠耳变作两只鸟翅形，
而鹖鸟在冠前顶部作展翅俯冲的姿势，颇
为华贵生动。唐时鹖的造型极似雀，唐中
叶以后，鹖冠上的雀形渐次消匿。宋以
后武官的盔顶上改用缨束为饰。清朝时
文武官帽上有蓝翎和花翎，蓝翎为鹖羽
所做，花翎为孔雀羽所做，这应属自战
国以来鹖冠之制的遗风。

当然，唐代服饰文化的发展和创新，不
仅仅只有这一种形式的鹖冠，我们看到
的李贞墓出土的这两件"彩绘白陶天王
俑"所戴鹖冠，以巨大的鹖鸟造型装饰
整个帽饰，造型夸张高大，气势不凡，
另外，李贞墓也出土了一对造型高大的
"彩绘釉陶文武官俑"，其中武官也头
戴鹖冠，鹖冠前方以雀形鹖鸟装饰，显
得高贵威武，器宇不凡。

卷发胡人俑

唐代的异域风情

唐（618 — 907）

高30厘米

1971年出土于陕西省礼泉县郑仁泰墓

　　昭陵博物馆收藏的这件卷发胡人俑为"昆仑人"形象，满头螺纹黑卷发，脖颈戴项圈，项圈宽扁，上身赤裸，一条红色帛带斜跨左肩，帛带两端与裤腰相连；下穿红色短裤，短裤裤口稍窄、裤腿略宽，款式近似灯笼形，大腿以下裸露，赤裸双脚。俑右臂上举，左臂下垂，身体稍稍向右侧仰倾，面容圆润丰满，浓眉大眼，眼球大而黑，全神贯注注视前方，人物造型好似处在表演状态。

　　该俑出土于唐太宗李世民昭陵陪葬陵园，并且是唐代出土文物中为数极少的具有明显民族特色、异域风情的胡人俑，昭陵仅此一件，历史价值

● 卷发胡人俑

极高。它作为一件罕见的、真实存在的实物资料，对研究唐代与少数民族地区的民族关系以及胡人在唐的居住、谋生、经商等一系列活动都具有积极的意义，也是初唐出现"昆仑人"形象的有力佐证。

这件卷发胡人俑的制作工艺使用了在初唐兴起并盛行，但存在时间却比较短暂的彩绘釉陶工艺，这种工艺制作的陶俑质地细腻、造型准确、彩绘高雅、华贵稳重。像昭陵博物馆的镇馆之宝，张士贵墓出土的一对彩绘釉陶贴金文武官俑就使用了这种制陶新工艺。这种造型优美，一丝不苟的彩绘陶制作技法，体现了初唐制陶工艺的创新发展和技术上的更新。

"昆仑"一词，在中国古代除了指昆仑山外还指黑色的东西，唐人沿用此义将黑色皮肤的人统称为"昆仑人"。卷发胡人俑的肤色看起来与黑人肤色有一定的差距，这也许是由于其质地是胎质细白的釉陶所致，但从发型和服饰上看，这件卷发胡人俑满头卷发，上身赤裸、斜披帛带，横幅绕腰、下穿短裤。这与唐代高僧义净《南海寄归内法传》中记载的昆仑人"赤脚敢曼"的形象非常符合。"敢曼"是梵语，指下身所穿的贴衣，这都是南海黑人极为明显的特点。此前许多权威学者大都认为唐代黑人是从非洲来的，后来葛承雍先生仔细分析了非洲黑人和南海黑人的区别，发现尽管他们都是体黑卷发，但两者在外形上却有差异。经研究认为被称为"昆仑人"的南海黑人不是非洲的尼格罗人种，而应该是尼格利陀人，又叫矮黑人，一直到现在这些类似非洲黑人的部落和种族仍散居在马来半岛以南的诸海岛上。由于"昆仑人"在大唐多被当作奴仆使用，故人们又称之为

"昆仑奴"。

唐时，长安城经常能见到胡人的身影，这些胡人来自波斯、大食、西域、回鹘、南越等异域，也有来自边疆的少数民族，唐代通称此类人为胡人。他们人数众多，身份各异，有破落流亡的王侯、各国质子、来访的使节，也有逐利而来的商人、传法的僧侣、谋生的乐工艺伎、昆仑奴等，他们在中原大地的舞台上尽情地展示异族的风采，绘成了大唐帝国一道独特亮丽的风景线。随着胡人在大唐的长期居住，随之而来的是胡人与汉人的通婚，有许多胡人都喜欢娶汉族女子为妻，大量胡人开始有了汉人血统，便从肉体和精神上与各地汉人融合在一起，完全融入华夏文明的洪流中去了。

据学者研究，这些胡人来到中原，也随即将佛教、祆教、景教以及摩尼教、伊斯兰教传入内地。像著名的龙门石窟、麦积山石窟、敦煌莫高窟的壁画上，看到大量壁画、石刻和泥刻人物，其动作、形态和服装，同时具有西方人和汉人的特征，又同时具有东、西方的文化特点，其生动的文化融合形象，让人回味无穷。

据记载，唐代前几任皇帝均有少数民族血统，高祖李渊、太宗李世民的生母都是鲜卑人，而李世民的皇后长孙氏也为鲜卑人。在"昭陵碑林"第二展厅中，陈列着一通"唐太宗庙碑"，碑上刻有唐太宗李世民半身像，其面部为络腮大胡须，极似少数民族形象，也证明了史书记载的真实性。这种带有骑牧民族豪迈之气的血统性格，深深地影响了唐朝的国情、国策及民间的社会习俗，难怪鲁迅先生有"唐人大有胡气"之说。

唐代"胡风"浓厚，社会上曾一度出现"女为胡妇学胡妆，伎进胡音务胡乐"的"胡化"浪潮，社会生活的各个领域都受到胡风的浸染，包括服饰、饮食、乐舞、绘画、宗教等诸多方面。在整个社会逐渐沾染"胡化"的同时，唐人也曾认识到这种"胡化"对人们生产生活的影响和对中原主导文化的冲击，唐人甚至把当时社会生活中所呈现出的具有"胡化"特点的现象称之为"妖异"。但唐文化是一个兼容并蓄的文化类型，对外来的文化不是盲目的抵制，而是有选择的吸收和改造。外来文化给唐代社会带来冲击和影响的同时，唐代的胡化是与胡人的汉化相互交融的并行过程。胡人通过儒家文化的熏陶，已逐渐融入汉民族社会，他们的言行举动基本符合儒家所倡导的礼仪规范，使得他们在大唐的社会地位得到了认可。

　　我们见到唐代的文物中，胡人的身影和造型比比皆是。仅昭陵博物馆馆藏文物中，胡人形象也颇丰：如张士贵墓胡人俑、骑马武士俑，李贞等墓的胡人牵马俑、牵驼俑，李思摩墓的胡人将军俑，长乐公主墓壁画《群侍图》中的"昆仑奴"、《仪卫图》中的胡人仪卫首领，韦贵妃墓壁画《献马图》中的胡人使者等等，举不胜举。每一件陶俑、每一幅壁画中的胡人造型，匠人们均以恰当的比例和造型，将胡人的形象拿捏和雕琢得十分准确传神，甚为奇特。由此可知，唐代社会的文化状态是空前的开放，工匠艺术的传承技艺深受外来影响是何等的深刻，是我们今日所难以想象的。

　　大唐海纳百川，民族和谐，商旅不绝，文化充分交融。我们通过文物遗存看到了唐代的"胡风"气息的浓厚。不仅如此，唐代有不少少数民族人物在大唐朝廷担任要职，如阿史那忠、李思摩、阿史那社尔、契苾何力等等担任右武卫大将军、右骁卫大将军等要职，其中阿史那忠宿卫宫廷四十多年，其与唐太宗更是翁婿关系，胡汉一家的民族大融合政策，充分展示了大唐帝国海纳百川的博大胸怀和博大精深的文化融合。

三梁进德冠
三朝元老的荣耀

唐（618 — 907）

高23厘米，冠径19.5厘米
1971年出土于陕西省礼泉县李勣墓

1971年昭陵陪葬墓李勣（jì）墓出土了一顶三梁进德冠，是我国目前所能见到最早的唐代帽子实物。这顶帽子用很薄的鎏金铜叶作骨架，以皮革张形，皮革之外再贴上很薄的皮革镂空蔓草花饰。帽子顶部有三道鎏金铜梁，两边有对称的三对中空花趺。上面一对中空花趺是留作贯簪导之用，簪导通过花趺贯穿发髻，遂将帽子固定在头上。下面两对中空花趺，前边一对穿上带子，系在腭下，后边一对系上丝绶，在脑后打结，垂于背后，这样帽子便很牢固地戴在头上。值得一提的是帽子的后边下沿有一方孔将

● 三梁进德冠

帽沿破开,孔又盖活页,这是用来调节帽径大小的。三梁进德冠设计科学、图案精美、做工精湛、材质特殊,尺寸不小,但重量却只有八两,使观者不由惊叹唐人的聪明才智和制作工艺,此冠为国家一级文物。

进德冠是唐时皇帝赏赐宠臣之冠。唐刘肃《大唐新语·厘革》载:"至贞观八年,太宗初服翼善冠,赐贵官进德冠。"《新唐书》记:"太宗常以幞头起于后周,使武事者也,方天下偃兵,探古制为翼扇冠,自服之。又进德冠以赐贵臣。"可见,进德冠为重臣所戴,视为荣耀之冠。《旧唐书》记载:"进贤冠,三品以上三梁,五品以上两梁,九品以上一梁。"进贤冠、进德冠同为皇帝赐贵官之冠,其佩戴标准也应类同,李勣官至一品,是出将入相的肱股之臣,冠制三梁自在情理之中。

据史料记载,李勣历唐高祖、唐太宗、唐高宗三代皇帝而一直荣宠不衰,是名副其实的三朝元老,一生功绩卓著,战薛延陀、平吐谷浑、征高丽,屡建奇功,贞观时,被唐太宗誉为"国之长城",去世在高宗李治时期。李勣病重期间,唐高宗亲自前去探望,李勣请求高宗:"惟加朝服一付,死倘有知,望著此服以见先帝。"总章二年(669),李勣薨亡,高宗"哭于别次,哀声外彻",天后武则天也素衣素裙以示伤心。次年李勣享国葬荣典陪葬昭陵,三梁进德冠自是御赐之物。然而众所周知,光宅元年,李勣之孙李敬业因武氏废中宗、睿宗,诸武横行,诛杀李唐宗室,于扬州起兵讨武,不久,兵败被杀。武则天大怒,追削李勣官爵,并"掘冢而暴其骨",墓内随葬之物自然毁坏严重,进德冠或因跟李勣神道碑一样为御赐之物，故而幸免于难。

还有一种可能就是当年墓内高宗所赐进德冠在毁墓之时已被破坏，1971年出土的应为中宗复位后，为李勣平反昭雪，重新修建坟墓而葬。此时虽已没有了李勣的尸骨，但中宗再次遵循了他的初衷，为其赐朝服一身，随葬于墓内。同时出土的李勣墓志盖与墓志底大小不一，上下不能完全套合，也能说明中宗再葬这一事实。

李勣传奇一生，去世后墓冢却惨遭损毁，后又平反再葬，重修墓冢，其中波折道尽他与李唐皇室的恩恩怨怨。

波斯裤女立俑
唐代女子钟情的胡服

唐（618 — 907）

高24厘米
1971年出土于陕西省礼泉县郑仁泰墓

　　1971年，考古工作者对昭陵陪葬墓郑仁泰墓进行了清理发掘，出土文物二百余件，有一批彩绘釉陶俑，内容丰富、造型逼真，色彩亮丽，颇受众人关注，尤其是其中有一件胡装女立俑，因着装极具异域风情而更加引人注目。女俑头戴翻沿胡帽，帽沿上翻，帽子彩色纹饰细腻精巧，整体上窄下宽，顶部较平。女俑上穿浅色圆领窄袖长袍，束腰，下穿红白相间波斯裤，立于踏板之上，浓眉高鼻，圆脸朱唇，拱手站立，表情严肃。

　　唐时女着男装、女着胡服盛行至极，上自公主王妃，下至宫廷侍女，皆尚男装。据《新唐书》载,有一次唐高宗和皇后武则天举行家宴,太平公主一身男装,身穿紫衫,腰佩玉带,头戴皂罗折上巾,身上还佩戴着五品以上武官所佩的砺石、佩刀等物品,雄赳赳的来到高宗面前,逗得高宗和武后笑着问其缘故。当然太平公主喜欢穿男装并不是偶然,关于唐代贵妇着男装史书记载颇多,直至玄宗开元年间,宫中妇人甚至穿丈夫的衣服。从目前出土的大量唐代文物来看,当时女着男装、女着胡服者,波斯裤应为她们的最爱,这种裤子因从波斯(今伊朗)传入中原而得名,较为宽松,上宽下窄,裤脚束口,形状颇似当今流行的灯笼裤。

在唐王朝一系列开放的民族政策促使下,周边各少数民族及国家大多同唐王朝来往密切,波斯就是其中之一。据《旧唐书》记载,波斯伊嗣候被突厥大首领驱逐到吐火罗,结果还没到吐火罗就被大食人(阿拉伯)所杀。他的儿子卑路斯成功逃到吐火罗获得庇护,并在龙朔元年(661)请求唐朝出兵救援。唐朝派王名远出使西域,分置州县,将其所在的疾陵城设为波斯都督府,任命卑路斯为都督。咸亨年间,卑路斯亲自来朝,高宗封其为右武卫将军。仪凤三年(678),高宗令裴行俭护送卑路斯回国任波斯王。但裴行俭送到碎叶后因故返回长安,致使卑路斯长期滞留吐火罗,并不断受到大食侵扰,部众逐渐离散。终于在景龙二年(708)卑路斯再次入朝,官拜左威卫将军,不久后便病死任上。

随着卑路斯定居长安,众多波斯贵族也随之而来,他们在长安生活学习,有的还在官府担任重要职务。波斯文化也被他们带入中原,并很快被

波斯褲女立俑

波斯裤女立俑

开放包容的唐人所接收和汲取。服饰文化就是其中之一，于是，波斯裤此时随之传入中原并大受中原女性欢迎。无论是出土的唐代陶俑还是壁画，均有大量波斯裤形象的出现。这或许因为唐代女子骑马非常盛行，而传统的中原女装以裙襦装为主，且裙子都特别长，骑马很不方便，于是女性很快发现并喜欢上这种更为方便实用的外来波斯裤。虽然如今我们不能亲眼目睹唐代女性着男装的巾帼英姿，所幸的是，这些前卫时尚的形象被艺术家们定格在唐代文物之中。

从已出土的唐代文物我们得知，波斯裤一般上身配圆领窄袖长袍，脚穿高筒黑靴或软底花鞋，这种装扮既显示出女子的果敢干练气质，又透出一种娇柔之下的阳刚之美。试想在唐长安城郊，一群头戴胡帽，脚蹬黑靴，穿着波斯裤的女子，她们骑着高头大马踏春赏景，一个个英姿飒爽，谈笑风生，该是何等的惬意。昭陵文物中的波斯裤均为双色条纹状，跟唐代传统女装中的条纹状长裙一样，或是双色布料间隔缝合拼接而成，或是通过晕染而成，至于具体属哪一种，单从文物中我们不得而知。

总而言之，波斯裤之所以在唐代深受女性欢迎，首先在于唐王朝博大开放的胸怀，使得各方服饰文化汇聚长安，可谓百家齐放，百花争鸣。其次是唐代女性地位较前朝有了很大的提高，她们不再愿意接受封建礼教的束缚，大胆的追求自身美与价值的体现。否则，在正统的封建观念里，男女装混穿，是严重的政治问题，绝不是生活小事，更不是个人爱好，就这一点来说，女性生活在这样一个开放包容的大唐，应该是非常幸运的。

中国与波斯同为古丝绸之路上的重要国家，两种文化相互融合，相互借鉴，相互促进。波斯裤在唐代的盛行，一方面是唐王朝善于吸收汲取外来文化的具体体现，另一方面也反映出唐代女性着装的开放与自由，在我国整个封建历史中都极为罕见。当然波斯裤也为我们展示出 1000 多年前波斯帝国服饰文化与当今伊朗服饰文化的差异。

彩绘虎头帽将军俑

门神家的『虎将军』

唐（618 — 907）

高31.5厘米

1974年出土于陕西省礼泉县尉迟敬德墓

　　1974年唐太宗爱将尉迟敬德墓出土了一对红陶将军俑，立姿，高鼻大眼，目视前方，戴虎头帽，身着淡蓝色明光铠，系腰带，胸前两红色圆护，左手贴胯间，右手屈胸前，呈持械状，造型浑厚而质朴。

　　虎的形象威风凛凛，因此自古人们对虎是相当畏惧的，《风俗通义》中说："虎者阳物，百兽之长，能执搏挫锐，噬食鬼魅。"因为虎性威猛无比，古人多用虎象征威武勇猛。如"虎将"，指英勇善战的将军；"虎子"，喻雄健而奋发有为的儿子；"虎步"，指威武雄壮的步伐；"虎踞"，形容威猛豪迈。我国古代把处理军机事物的地方叫做"白虎堂"，把将帅

彩绘虎头帽将军俑

的营帐称为虎帐，"柳林春试马，虎帐夜谈兵"成为古代军营生活的写照。唐朝王建《寄汴州令狐相公》一诗中也有："三军江口拥双旌，虎帐长开自教兵"的句子。

古人对自己畏惧的东西普遍采取了"敬而远之"的态度。于是，他们在这些事物前冠以"老"字，以表示敬畏和不敢得罪的意思。有些地方因为迷信，在说到老虎时，往往不敢直呼其名而呼之以"大虫"，名著《水浒传》中武松打虎段就把老虎称为"吊睛白额大虫"。

从目前考古发现及生活实物可知，虎头帽起初应该是将士头盔的一种，后来发展成为一种呆萌可爱的儿童用帽。有关虎头帽的文献记载并不多见，即便有也只是只言片语，如帽为虎头型、帽前部浮雕类虎状等等。隋唐时期，带虎头帽，着明光铠的武士、将军俑在墓葬中出现的较多，将军武士带虎头帽或穿虎头铠甲自然是为了以虎威震慑敌人，墓葬中虎头帽形象的出现无疑也是墓主生前征战疆场的写照。此外，古代武士也有戴鹖冠的习惯。鹖，古书上说的一种善斗的鸟。《说文》载：鹖鸟也，似雉，出上党。鹖为黄黑色，勇于斗，一死乃止。故赵武灵王以鹖尾旌表武士，将鹖尾竖冠左右谓之鹖冠。因而一般鹖冠或为武官之冠，或为隐士之冠。所以武士戴虎头帽与戴鹖冠有着异曲同工之处。1972年昭陵陪葬墓李贞墓就出土一件彩绘白陶鹖冠武官俑。

尉迟敬德和秦琼两位将军是民间妇孺皆知的门神，也是唐太宗李世民征战疆场的左膀右臂。尉迟恭纯朴忠厚，勇武善战，一生戎马倥偬，征战

● 彩绘虎头帽将军俑（局部）

南北，驰骋沙场，屡立战功，于显庆三年（658）去世，陪葬昭陵。其墓出土的这对红陶虎头帽将军俑，虎头虎脑，威武阳刚中透着一丝呆萌可爱，在昭陵诸多陶俑中颇受游人青睐。

昭陵文物中"虎"元素并不少见，例如：墓前列置石虎、墓道绘制白虎、墓志四周镌刻生肖虎，将军俑穿以虎为饰的铠甲，但虎头帽却唯有门神尉迟敬德墓出土的这对彩绘虎头帽将军俑，因而，这对虎头帽将军俑是隋唐时期虎头帽武士俑、虎头帽将军俑在武将墓葬中流行的实物资料。

自唐以后，虎头帽从武士将军身上慢慢蔓延至儿童，给儿童戴虎头帽自然是长辈希望借助虎的勇猛强悍和威慑力使孩子远离邪魔病害，平安健康。直至现在，民间儿童虎头帽都非常受欢迎，另外还有虎头鞋、虎头枕等，都是人们祈求安康的一种方式。

白瓷辟雍砚

唐砚之翘楚

唐（618 — 907）

高18.5厘米，直径31.5厘米
1986年出土于陕西省礼泉县长乐公主墓

　　白瓷辟雍砚由砚台和砚盖组成，砚面中心隆起，四周留有深槽储水，以便使用者润笔蘸墨之用，砚面未施釉，便于研磨，实用功能极高。砚座由 25 个蹄形足组成，圆润光滑，精美之至。此砚规格之大，实属罕见，为国家一级文物。

　　砚是我国古代文房四宝之一，既是每个文人不可缺少的文书工具，也是衡量文人身份地位的标志之一。我国古代，砚的种类繁多。自唐以来，广东端溪的端砚；安徽歙县的歙砚；甘肃南部的洮砚；河南洛阳的澄泥砚被称为"四大名砚"。其中，除河南的澄泥砚为陶质，其余均为石砚。

　　然而，早在魏晋南北朝时，随着制瓷业的迅速发展，涌现出大量陶瓷砚，有种带足的圆盘瓷砚就非常流行，多为青瓷或白瓷的圆形多足砚，称之为辟雍砚。辟雍砚是工匠们模仿古代辟雍形制设计而成，极具观赏价值。

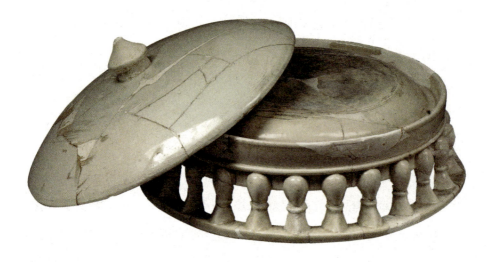

● 白瓷辟雍砚

辟雍是周天子为教育贵族子弟所设立的大学，东汉蔡邕《明堂丹令论》中载："取其四面环水，圆如璧，后世称为辟雍。"魏晋时，辟雍砚多为三足或四足，南北朝时变为五足至十足不等。到隋唐时发展成为圆形多足的辟雍砚，且足部突出，纹饰精美。贞观盛世，书风极盛，加之唐太宗李世民酷爱书法，王子公主亦争相研习，李治、长乐公主、晋阳公主等都有颇高的书法造诣，长乐公主生前所用的这方白瓷辟雍砚正是这一历史事实的真实写照。

长乐公主墓出土的这方白瓷辟雍砚，应为墓主生前实用之物，出土时砚面四周旋纹内还残留些许墨迹，砚面上更有长期研磨的痕迹。唐太宗李世民生前就酷爱书法，对子女也大多深有影响，高宗李治便酷爱研习王派书法，晋阳公主七岁时临摹太宗书法，可以以假乱真。长乐公主自幼受父亲熏陶，琴棋书画亦无所不通。长乐公主墓志铭中记载："公主展画轴挥毫泼墨，铺纸张笔走龙蛇。"可见，长乐公主生前书画技艺非同寻常，想必她对这方白瓷辟雍砚亦是情有独钟。因此，薨亡后遂将此砚陪葬身边。长乐公主身份尊贵，为唐太宗皇后长孙氏所生嫡长女，加之其父皇特别宠爱，所以生前所用之砚无疑当属唐砚之翘楚，尽显皇家用物之大气，为我们进一步研究唐代砚文化及陶瓷工艺水平提供了难得的实物资料！

1986年长乐公主墓发掘，与白瓷辟雍砚同时出土的还有一件白瓷笔洗，笔洗圆形碗状，底部有三足支撑，内部侧面还留有当年洗笔刮墨的痕迹，应该是和白瓷辟雍砚配套使用的，同为公主生前实用之物，具有非同一般研究价值。

白陶舞马

曲终似要君王宠

唐（618 — 907）

高46.5厘米

1971年出土于陕西省礼泉县张士贵墓

　　白陶舞马三足立于平板之上，通体皆白，如象牙雕刻。马肌肉健硕，身形匀称，体态修长，姿式优雅，立姿，右前蹄抬起，身体重心落在左前腿和两只后退上，好像正随着乐曲有韵律的踩着舞步，扬颈低头，双耳挺立，鬃毛呈波浪状披在颈部左侧，尾巴束起上翘。马头骨骼清晰，躯体健壮而舒展，臀部曲线优美，胸部肌肉突出约十余块，充满力量，愈加呈现出硕壮健美的身姿，聚骨感、美感、力感和动感于一身，为国家一级文物。

　　舞马是指中国古代宫廷中将马匹的活动与音乐舞蹈艺术相结合的一种特色文化娱乐活动。舞马活动最早从西域传入中原，它不是人骑在马上表演骑术的技巧，而是训练马自身随着音律翩翩起舞，表演各种动作，因而对马匹的各种技巧及协调性要求极高。所以舞马必须品质优良，合乎其特有的标准和要求，必须体形健美，外貌奇特，观赏性强。早在三国时期，曹植就向魏文帝进献过大宛舞马。众所周知现代奥运会马术比赛需要骑士和马匹配合默契，偏重于考验马匹技巧、速度、耐力和跨越障碍的能力，而唐代舞马则是由马在音乐的伴奏下独自表演，所以前期的培训更为严酷，过程更为艰难。唐人重马亦爱马，舞马活动在唐时更是大受欢迎。

张士贵本名忽峍，虢州卢氏人，唐代名将，自幼习武，"善骑射，臂力过人"，一百多斤的弯弓，左右开弓，射无空发，"三箭定天山"的故事更是让他成为人尽皆知的英雄。张士贵戎马一生，在大唐王朝的统一大业和边境扩张中屡立战功，先后任右光禄大夫、右屯卫大将、左领军大将军等职，并被封为虢国公、勋国公，显庆二年（657）亡，谥曰襄，享年72岁，陪葬昭陵。其墓出土的这件白陶舞马是目前出土为数不多的唐代早期舞马形象，它不仅代表了初唐舞马的形象特征，更为我们研究舞马的真实存在及发展提供了第一手实物资料。

唐代宫廷舞马活动在玄宗时期极盛，初唐以来，李唐王朝以其兼容并收的广阔胸怀，吸收融合各种外来文化，极大地促进了经济的发展，国富民强，皇家有条件大规模的驯养舞马，舞马的规模异常盛大，尤其是百戏表演进入高潮以后，百匹形体矫健，毛色美观、装饰华美的舞马就会进入角色，随着乐曲的节奏欢腾舞蹈，跳跃旋转，甚至在高潮时段衔杯为主人献酒为宴会增色。舞马在当时被视为盛世祥瑞之物，深受人们喜爱。描写盛唐舞马活动的文学作品及相关文物着实不少，例如 1970 年陕西西安南郊何家村唐代窖藏出土了一件仿皮囊形银壶，通高 18.5 厘米，器腹两面均锤出一马衔杯纹，马颈系飘带，昂首扬尾，似作舞状，非常形象地再现了当年舞马衔杯的盛大场面。但就目前考古发掘显示，初唐舞马形象却并不多见。张士贵墓出土的白陶舞马周身无丝毫装饰，如白玉般素美，骨骼健壮，体型健美，完美地展现了初唐舞马特征及当时工匠们精湛的制作工艺，体现出唐代工艺美术家通过对马的细致观察，从而对其习性的掌握达到了无以复加的地步，具有极高的观赏性和艺术性，也为我们进一步了解唐代舞马的起源及发展过程提供了不可或缺的重要资料。

历史上马与人类有着非常亲密的关系，我国自古北方多产良马，中原谓之"胡马"。历朝历代中原王朝引进周边少数民族以及外国马种的事例屡见不鲜。但唐代对马尤其是优良马匹的渴求已到了一种近乎疯狂的地步。唐朝在牧马和养马方面均达到了极致，为了发展养马业，千方百计地引进品种繁多的"胡马"。建立专门机构管理全国的马匹，形成马政机构，还建立了马的户籍管理制度，并在育马技术、马医学等方面得到极大发展，甚至在制作与马有关的马蹄铁、马鞍等配套设备方面的技术也得到提升，并形成产业链。在与马有关的经济发展，还影响了文化的形成和上升，如唐三彩、骏马石刻、马球、舞马等都非常盛行。

武德、贞观时期的不断努力，国家统一大业已基本完成，经济等各方

● 白陶舞马

面亦逐步恢复繁荣，人民生活慢慢远离战争，马的主舞台也由战场逐步转向运输、娱乐等方面，承担起新的使命。这时，舞马活动便盛行起来，人们将西域引进的精良马匹进行各种训练，使它们精通音律，熟练各种舞步，在音乐的伴奏下有韵律地作出甩尾、踏步、跳跃、旋转等各种高难度动作。早期舞马活动或许偏于注重马自身的表演，并没有在装饰上做过多要求，张士贵墓出土的白陶舞马正好说明了这点，马没有丝毫装饰，不像盛唐舞马那样，飘带飞扬，盛装华丽出演，凭借自身魅力及出色的演技博得观众及主人的认可。舞马高智商、通人性，加之经过系统化的培训，对音乐格外敏感，它们随曲表演，自如地做出各种难度系数极高的动作，力图曲终之后得到主人的赞扬与宠爱。

然而，大唐盛世一去不返。张士贵墓出土的白陶舞马正是对那段岁月的绝唱，对大唐盛世的定格，无疑是一件集历史价值、艺术价值及研究价值于一身的唐代精品文物。

唐诗中的舞马

对雪二首

寒气先侵玉女扉，清光旋透省郎闱。

梅花大庾岭头发，柳絮章台街里飞。

欲舞定随曹植马，有情应湿谢庄衣。

龙山万里无多远，留待行人二月归。

旋扑珠帘过粉墙，轻于柳絮重于霜。

已随江令夸琼树，又入卢家妒玉堂。

侵夜可能争桂魄，忍寒应欲试梅妆。

关河冻合东西路，肠断斑骓送陆郎。

（李商隐）

楼前

天宝年前勤政楼，每年三日作千秋。

飞龙老马曾教舞，闻著音声总举头。

（王建）

陶鸱尾

昭陵献殿的冰山一角

唐（618 — 907）

高达150厘米，底长100厘米，重约150千克

出土于陕西省西安市昭陵献殿遗址

上世纪八十年代，考古工作者在清理唐昭陵献殿遗址时，发现了当年献殿屋脊上的一件灰陶鸱尾。陶鸱尾表面饰黑色琉璃釉，鱼形尾向前卷曲，外缘有两道上弯的鳍，胴部（主体躯干）两侧及背面靠下部各留有一圆形孔，分别将鸱尾与正脊和垂脊连接。整体造型上薄下厚，高宽比例为 10：7.4，尺寸之大实属罕见，是我国目前所能见到时代最早、造型最大的陶质鸱尾实物，为国家一级文物。专家据其尺寸按建筑比例推断，昭陵献殿建筑高度约在 10 米左右，应是高大雄伟的重檐九间。

● 陶鸱尾

我国许多高大的古代建筑，如宫殿、庙宇、观阁之类，屋顶正脊两端，都相对竖立着一件张嘴翘尾、似龙似鱼的装饰物，这种奇特的传统建筑形式，传说起自汉武帝时。秦汉时期，土木工程技术得到迅速发展，建材质量亦不断提高，宫殿楼宇的面积越建越大，高度也越建越高。这些高大的木结构建筑，或歇山（两面坡）或悬山（四面坡），最容易遭雷电袭击，因而屡有焚毁。我国民间素有"龙生九子"之说，相传鸱尾是龙的第二个儿子，形状像四脚蛇剪去了尾巴。这位龙子好在险要处东张西望，习惯兴风作浪，喜欢吞火。古建多为木质结构，最忌火，鸱尾这一传说中的神兽自然成为古人屋脊上祈求平安、远离火灾的最好饰物。清代翟灏《通俗编》载："（龙生九子）二曰鸱吻好望，今屋上兽头是也。"《唐会要》中记载："汉柏梁殿灾后，越巫言海中有虬尾似鸱，激浪即降雨，遂作其象于屋顶上以厌火祥。"

鸱尾，又名鸱吻、蚩吻、蚩尾、祠吻、龙吻等，是千百年来，为屋脊两端的装饰，由简单到复杂，造型不断变化，有鸟形的，鱼龙形的，名称叫法亦各不相同，直到唐代，鸱尾形制才逐渐固定下来。通常唐代鸱尾造型庄重大气，气势恢宏，内敛而底蕴深厚。初唐一般呈鱼尾状，尾的方向内卷，造型简洁浑厚。晚唐，鸱尾突出了吻的形状，张口吞脊，人们开始将鸱尾改称鸱吻。但因为鸱吻、龙吻、螭头这些称谓只能作为帝王宫殿专用，黎民百姓不能使用，因此，民间建筑中仍以鸱尾相称。

鸱尾在古建筑中除了表现人们一种祈求平安，驱除火灾的愿望，在建筑结构上还有更为重要的意义。鸱尾作为建筑物正脊两端的装饰性瓦件，一般来说，一座建筑至少有两个鸱尾，其功能大致有两种，其一，鸱尾在正脊两端作收尾处理，在构造或立面处理上都与正脊完美结合。其二，鸱尾构建一般比较大，重量相对较重，因此，位于木结构屋顶的两端，使结构的可靠性和整体性得以加强。

唐太宗李世民昭陵的营建工程自贞观十年（636）长孙皇后薨亡始，到贞观二十三年（649）唐太宗驾崩整整持续了十三年之久。陵山四周有垣墙围绕，墙四隅建有角楼，正中各开一门，南曰"朱雀门"，北曰"玄武门"，东曰"青龙门"，西曰"白虎门"（青龙门、白虎门及垣墙角阙建筑群仅见于文献）。现代考古已证明朱雀门遗址在陵山正南约800米处，门外有双阙台址，门内有献殿。可惜千余年间历经战乱、天灾、人为等多种原因，如今昭陵庞大的地面建筑均已不复存在，只有遗址上的残砖断瓦隐约让人联想当年的辉煌。陶鸱尾的出土，为进一步研究昭陵地面建筑的规模以及传统文化在古建筑中运用提供了弥足珍贵的实物资料。

唐代是我国封建社会经济文化发展的高潮时期，建筑技术也有了巨大发展，形成了一个完整的建筑体系。唐代建筑尤其是中原地区的汉族建筑大都规模宏大，气魄宏伟，规划严整。大型建筑的屋脊都会有鸱尾出现。鸱尾构件虽说只是我国古建筑文化一个极小的缩影，但它背后却是几千年来华夏子孙对神灵的敬畏、对自然的抗争以及对建筑的热爱。

跪卧石羊
仰望星空的吉祥物

唐（618 — 907）

高139厘米，长146厘米
陕西省礼泉县李勣墓地遗存

　　李勣墓前，从北向南有石人一对、石虎石羊各三只，石虎为蹲姿、石羊为卧姿，东西相望，是昭陵陪葬墓中最为高大的石刻。从这些石刻前经过，一只"仰望星空"的石羊总能让人驻足观看，拍手称赞。

　　羊作跪卧状，昂头闭嘴，大盘犄角小耳朵，前蹄朝上，后蹄下叩着地，体型高大，身躯肥硕，四肢粗壮有力，尤以蹄子为甚，极似马蹄。

　　工匠以高超的技艺，简洁拙扑的刀法，雕刻出了一只生动可爱、"仰望星空"的石羊。这种抬头仰视的独特造型，具有极强的力感和美感，昭陵仅此一件。陪葬昭陵的韦贵妃、长乐公主、尉迟敬德等墓前的石羊，不论体型大小，皆为抬头平视状。

唐封演著《封氏闻见记》卷六载："秦汉以来，帝陵前有石麒麟、石象、石马，大臣墓则有石羊、石虎、石人、石柱之属，皆所以表饰坟垄如生前之仪卫耳。"由此可见，早在秦汉时，大臣墓前就列置有石羊。

羊为六畜之一，是一种本性驯顺的动物，温文尔雅，自出生起，便知"跪乳"。《春秋繁露》记载："羔食于其母，必跪而受之，类知礼者。"跪伏的羊，成为谦卑温顺的象征。所以帝王陵前一般不会有石羊出现，因为帝王是威严的代表。

羊者，祥也。在古代，羊字与祥字相通，所以一些铜器中的铭文"大吉羊"就是大吉祥。不论羊字的含义或和羊有关的字，"真善美"这个人人喜欢的品德，就有两项与羊有关。

秦汉时期，金石多以羊为"祥"，"吉祥"写作"吉羊"，表示吉祥之意。羊是"祥瑞"的象征。西汉与时俱进的思想家、儒学家董仲舒称："羊，祥也，故吉礼用之"，也为岁首吉祥之语。《易记》载："正月为泰卦，三阳生于下"，所以人们就在正月过年之际，相互祝福说"三阳开泰"，而"羊"与"阳"通用，因此也作"三羊开泰"。三羊开泰图始于明代中期，在清代较为流行，一般画九只羊，称为九阳启泰。这些美好的祈福祝愿，充分反映出人们对理想生活的一种向往和寄托。

羊的形象历来又是可爱的、美好的。《诗经》中说："彼美孟姜，洵美且都。"又说："岂其取妻，必齐之姜！"古代姜姓出美女，而姜字又

● 跪卧石羊

和羊形有关，因此，羊也被人们看成是美丽、善良、知礼、孝顺的化身。汉代许慎《说文解字》曰："美，甘也。从羊，从大"，即"羊大则美"。

羊是人类的忠实朋友，是人类的亲密伙伴。传说周夷王时，五位神仙骑着口衔谷穗的五只羊降临楚庭（广东古称），将谷物赠给人们，又告知了种植谷物的方法，人类播下谷穗种子，当年就长出了庄稼。从此这里便无灾难饥荒，人民安居乐业。神仙隐去，羊则因盗取谷物种子，被玉帝施法变为石羊。故广州也称羊城，"五羊衔穗群雕"即为城市地标。为了感谢神羊的舍身之恩，人们在秋收冬藏之后，便举行了盛大的祭祀仪式，这类秋收冬藏的农家祭祖仪式至今仍有部分农村在举行。

中国是礼仪之邦，在古代，羊不仅供人们食膳，也和猪、牛一起成为祭祀用的祭品。古代艺术中，常见有羊的形象及造型：1938年出土于湖南宁乡县的商代四羊方尊，被誉为中国青铜铸造史上最杰出的作品；两汉时期的羊形铜灯更是一种吉祥器物，亦称"金羊灯"，有"金羊载耀，作明以续"的寓意；现藏内蒙古自治区博物馆的匈奴王冠，冠带上面浮雕有羊和狼搏斗的图案，体现出羊顽强勇敢的一面，是迄今发现的唯一一件匈奴单于金冠；在昭陵已发掘的40座陪葬墓中，几乎每个墓里都有不同造型的陶羊出土。

　　李勣墓前这件注入了双重性格的石羊，既有羊特有的温顺本性，又有一般羊没有的任性和高傲，它的抬头仰视状，正是一种正气凛然的表露，透过它，我们似乎也欣赏到了墓主身上的浩然正气。石羊"仰望星空"、别具一格，具有较高的艺术观赏性。它的唯一性，为我们研究唐代陪葬墓前石刻造型的多样性及这一时期的丧葬礼俗、雕刻工艺等提供了珍贵而直接的实物标本。

阿史那忠墓志

会说话的文物

唐（618 — 907）

边长76厘米

1972年出土于陕西礼泉县阿史那忠墓

　　《阿史那忠墓志》为一合，分志盖和志底两部分。志盖盝顶，四刹饰宝相石榴花。盖面篆书"大唐故右骁卫大将军赠荆州大都督上柱国薛国公阿史那贞公墓志之铭"30字。志石正方体，四侧饰宝相石榴花。志文正书44行，满行44字，除去空格，共1763字，题"唐故右骁卫大将军兼检校羽林军赠镇军大将军荆州大都督上柱国薛国公阿史那贞公墓志铭并序"。初唐史学家、文学家及秘书少监清河崔行功撰文，无书者姓名。

　　阿史那忠，字义节，突厥族，姓阿史那，原名泥孰，赐名忠。归唐后，以诱擒突厥颉利可汗之功，拜左屯卫将军、右武卫大将军等要职。太宗还以定襄县主适阿史那忠。县主是唐太宗韦贵妃与先夫李珉的女儿，唐封县主，宠同公主。上元二年五月二十四日（675）薨，享年 65 岁，赠镇军大将军、荆州大都督，谥号贞，同年十月十五日（675）与先陪葬昭陵的夫人李氏合葬。

在突厥族内，阿史那氏是贵族，阿史那忠的祖父是突厥族的始毕可汗。阿史那忠在少数民族中享有崇高的威望，他不仅"遂参禁卫，宿卫皇宫"，而且"东征北伐，西抚南驰，经营四方"，为维护大唐王朝的和平与统一，推动历史发展做出了卓越的贡献，被誉为唐代的"金日磾"。

阿史那忠归顺于朝廷并被委以重任，这是对唐太宗四海一家的民族和解政策的进一步肯定。

《阿史那忠墓志》为昭陵出土墓志中，为数不多的少数民族将领墓志。该墓志书法严谨整肃，娟秀而凝练，尤其是志盖上的篆书，刀法精准，遒劲有力，"入石三分"，犹如千钧强弩，万石洪钟，是昭陵陪葬墓出土墓志盖中，字口最深的一件。

与该墓志同时出土阿史那忠夫人李氏墓志盖一顶。盝顶，厚 10 厘米，底边长 63 厘米，四刹饰四神，盖面篆书，"□□故定□□主之□"，文字泐灭严重，底失。

唐人有墓前立碑，墓内置墓志的习惯。昭陵墓碑，因竖神道，风雨剥蚀，颇多漫漶。加之宋以后金石学兴起，竞相捶拓，拓者欲使己之所拓胜于后者所拓，故意敲掉文字，难以通读。而昭陵墓志，都是近年出土，字

● 《阿史那忠墓志》盖及拓片

● 《阿史那忠墓志》志文及拓片

迹保存比较完整，史料价值和书法价值都很高，尤以史料价值为重，或补史书之阙，或纠史书之误，被誉为"会说话的文物"。

根据志文记载："总章元年，吐蕃入寇，拜使持节、青海道行军大总管。长策远振，群凶窜迹。武贤不捷，充国徒淹。西海诸蕃，经途万里。而有弓月扇动，吐蕃侵逼。延寿莫制，会宗告睿。以公为西域道安抚大使兼行军大总管。公问望著于遐迩，信义行乎夷狄。"但有关他反击吐蕃的这次战争，诸史上不曾记载。还有咸亨元年阿史那忠安抚西域的军事行动，《新唐书》《旧唐书》和《资治通鉴》亦完全失载。但是，《阿史那忠墓志》则为我们提供了比较详细的历史信息。关于封爵一事，《旧唐书·阿史那忠传》记为："永徽初，封薛国公。"可志文曰："服阙，袭封薛国公"，据《旧唐书·阿史那苏尼失传》记载，忠父名苏尼失（阿史那忠墓志记其父名苏），卒于贞观八年（634）。按唐五服之制，斩衰三年可知，忠之为薛国公是袭爵，而不是封爵，袭爵时间不是在"永徽初"，而是在"服阙"之后，即贞观十一年（637）。

志文记载阿史那忠"无微暴疾"，"以上元二年五月二十四日，薨于洛阳尚善里之私第，春秋六十有五"。据此推断，阿史那忠在贞观四年归唐时是 20 岁，在唐历时 45 年。故《新唐书·阿史那忠传》记其"宿卫四十八年"之说不确。志文一般真实详细的记录一个人的生平简介和生前功绩，所以志文为我们进一步提供了直接的文献支撑。

学界以往根据《新唐书》《旧唐书》等传统史料对骆宾王从军西域活

动之考述都存在着矛盾和缺憾。从《阿史那忠墓志》《阿史那忠碑》石刻文献中发现，骆宾王集中诸多从军西北的边塞诗作，并非如清人陈熙晋等人所说是咸亨元年秋随薛仁贵军西击吐蕃时作，而是骆宾王于咸亨元年夏四月离奉礼郎任跟随阿史那忠出征西域、安抚西蕃诸部落时所作，从而对骆宾王从军西域的史实作出了全新的考述。这说明传统文献并不能提供足够的史料信息，只有墓志的出土，方可补史料之阙，不愧为一块"会说话的文物"。

石雕战马

此马临阵久无敌

唐（618—907）

高52厘米

1971年出土于陕西省礼泉县郑仁泰墓

这是一件装饰齐备的石雕战马。立姿，左后腿微曲呈歇蹄状。抬头平视，眼眶凹下，眼珠圆凸，层次分明，鼻翼张开，抿嘴，两耳朝前耸起，呈警惕状。该马臀圆体壮，形象矫健俊美，别具风姿。

马头部颊带、额带、鼻带、咽带等辔饰齐全，口内含卡马衔，衔环贯插"ω"形马镳，镳体上有穿孔，连接着络头。在衔棒末端还可清楚看到缰绳从衔环穿出打结、搭于马脖之上。马辔、马衔、马镳这三件相连的鞍具一旦套上马头，再暴烈的马都会很快被制服。

● 石雕战马

马鬃精心修剪成弧状，额前两绺长鬃分梳两侧。尾分绺缚起，尾中轴端清晰可见。马前鞍桥直立，后鞍桥向后倾斜，有凹曲弧线，便于骑者上马。鞍后左右两侧各系垂五条鞘带，最后面一条鞘带较宽稍长。制作讲究的马镫悬挂于马腹前。马臀部两侧系有短小跋尘。鞘和跋尘虽外观差不多，但却是两种不同的东西。鞘位于马的膁、腹之间，位置靠前，跋尘位于尻下股上，位置靠后，跋尘至晚唐时期长度逐渐增加。郑仁泰葬于龙朔三年（663），而此马身上的跋尘，就把以往认为盛唐才开始出现跋尘的观点向前提到了初唐。

● 石雕战马（局部）

● 石雕战马（局部）

　　为了显示马的高贵气质，唐代马多饰银杏叶。所以此马额、鼻正中均贴有刻画细致脉络的杏叶形垂饰，胸带和鞧带上也有精美杏叶垂贴。杏叶有时也简称银花，唐代诗人白居易诗"翩翩白马称金羁，领缀银花尾曳丝"，说的就是垂于马胸前的银杏叶；王勃《春思赋》中也有"杏叶装金镳"之说，可见此装饰在当时是非常流行的。唐代杏叶造型精巧，式样繁多，除饰以卷草、宝相花等类植物图案的以外，也有铸出鸾鸟、鸳鸯、麒麟、狮子等动物图案的，其质地则有铜、银、鎏金和琉璃镶嵌等多种。

此马为鞍马系列装饰最为齐备的一匹：辔头、缰绳、攀胸、鞦带、鞍鞴、马镫、鞘带、跋尘等一应俱全，又剪鬃、缚尾，口衔马镳，攀有腹带，所有战马的装饰特征它均具备。这种装饰的战马，一旦进入战场，便会冲锋陷阵，驰骋沙场，所向披靡，正如唐代诗人杜甫《高都护骢马行》中描写的那样："此马临阵久无敌，与人一心成大功。"初唐出土的陶质鞍马几乎都有墨描或贴塑各种装饰条带，但像上述马这种装备齐全的绝无仅有。到了盛唐，大多鞍马仅配有鞍鞴、马镫，而少有其他装饰，战马的饰性逐渐消减。

　　中国古代的马具在世界上素负盛誉，考古材料表明，华夏先民至迟在商朝就已经使用马具了，但能在实物上完全体现并完整保存下来的并不多见。很多重要的部件，比如马镫等都是由我们的祖先最早发明的，欧洲人正是脚踩着这项中国人的发明，步入了中世纪。这些看似很小的不起眼的发明在人类文明进程中所发挥的作用却很巨大，掀开了人类骑乘史上的新篇章。马镫的出现宣布了鞍具的全面完备，方便了人们上下马，完美的马具使乘骑成了一件快乐、值得炫耀的事，极大地促进了人们的骑马热情，才使得唐朝出现女子出行骑马的一种潮流和风尚。

　　石马的制作过程相对陶马而言，制作难度有所增加，非一人一时能完成，加之取材不易，所以必须由专业的、有娴熟高超技艺的石匠才能完成，而陶马多为模制，可以成批量烧制，也不需要太多技术含量的工匠。该石马与地表上一些帝王陵墓前如唐建陵、乾陵遗存的石马相比，由于地表上的石马历经千年风雨剥蚀，形象变瘦，石质风化、佩饰残缺，很难看到它当初的原貌，而此件石马虽体型小点，比例也不如乾陵、建陵石刻精准、协调，但因深埋于地下，加之出土时小心翼翼地发掘及出土后科学妥善的保存，才使得其身上的精美雕刻、细小纹饰等保持了当初制作成型后的原始状态，它的完整性较其地面上裸露的石刻更具观赏性和研究价值。

上述石雕战马，运用圆雕、浮雕以及线刻的综合方式，以一种拙扑自然的刀法雕刻出静中寓动，饱满健壮，浑厚自然的战马形象，是一组集考古、军事、人文精神、艺术观赏于一身的文物精品，具有生动的写实性和鲜明的时代特点。为我们研究唐代初期石刻的艺术特征、发展规律及马文化史提供了极为珍贵的实物资料。

兰陵长公主李淑碑

长相思 莫相忘

唐（618 — 907）

高338厘米，宽111厘米
陕西省礼泉县兰陵长公主李淑墓遗存

《兰陵长公主李淑碑》，唐显庆四年（659）十月立，1975 年移入昭陵博物馆收藏，碑额正书"大唐故兰陵长公主碑"九字，碑文正书，共31行，满行 70 字，李义府撰文，驸马窦怀哲书丹。

在"昭陵碑林"的四十余通碑石中，有大家所熟悉的徐懋功、尉迟敬德、李靖、程咬金之碑；有以书法名扬中外的褚遂良、孔颖达之碑；有大唐名相马周、房玄龄之碑等等。每一通碑石都是一部史书，都记载着一个可歌可泣的动人故事，大多碑文均为唐初名家撰文、书丹，它们的历史价值和书法艺术价值不可一语而论。然在众多充满书法艺术特色的碑石中，

《兰陵长乐公主李淑碑》

驸马窦怀哲书丹的兰陵长公主李淑碑，除了书法颇具虞派的刚柔得兼、骨肉得宜，更是一尊充满爱情色彩的石碑，碑文中充满无限思念的爱意，瞬间让冰冷的碑石变得充满人间柔情、被赋予了爱的含义。

此碑书法方整而劲拔，娟秀而凝练，取欧之盘骨，得虞之遒媚，端庄俊秀、不失雅品，为历来金石家所称道，这也说明了唐人对书法的爱好和书法的普及程度，书法艺术价值十分重要。前人曾誉其为"书家倾国"，清叶昌炽《语石》评价说："窦怀哲《兰陵公主碑》，笔法在欧虞之间，亦唐碑之至佳者。其结体绵密，而气则疏。其运笔严重，而神不滞。欧公《化度寺铭》，天然妍秀，不假修饰，此碑则稍露矜持之态耳。"

驸马亲自为逝去的公主书丹碑文，字里行间隐藏了丈夫对已故妻子无限的哀思。

《新唐书·诸帝公主传》载："兰陵公主名淑，字丽贞，下嫁窦怀哲，薨显庆时。怀哲官兖州都督，太穆皇后之族孙。"史书中说驸马窦怀哲是窦皇后（唐高祖皇后窦氏）的族孙，官至兖州都督，但没有提及兰陵公主的生母是谁，只是用一段话概括了公主的一生，甚为简略。但碑文对公主的生平记载颇为详尽，除了可以补史书之缺外，碑文中最感人的就是驸马对公主的浓浓爱意了。碑文中说："公主名淑，字丽贞，陇西狄道（甘肃临洮）人，高祖皇帝之孙，太宗皇帝第十九女。"根据史书资料相参照，可判断公主为庶出，但公主一生温润淑美、知书达理、深诚骄奢，太宗皇帝对她疼爱有加。碑文记载公主："李淑自幼聪慧，才气出众，九岁时研读《易经》，就已经能理解其谦和的精妙词句；七岁时学习书法，尽得钟繇、张芝这些名家的真谛。贞观十年，公主被封为兰陵郡公主，食邑三千户，时年九岁。"这足以显示出公主从小聪慧伶俐，质性柔顺，才气出众。等到公主长成后，公主兰心惠质、知书达理，个性温婉、端庄淑美，不喜好华丽奢侈的饰品，不喜欢肤浅靡靡的乐音，一言一行，均可与上古的贤妇人杞梁妻、莱子妇媲美。正因如此，太宗皇帝亲自从自己外祖父家门中为爱女选定了一位出身高门、德行俱佳的夫婿窦怀哲。婚后，夫妻相敬如宾，夫妇二人皆爱好书法，志趣相投，公主言行举止，处处谨守礼规，喜怒不行于色，与窦氏妯娌相处融洽，对待公婆十分孝顺。在驸马眼里，公主姿质柔美、才德柔顺而聪明，举止优雅得体，懂得礼仪，安详温和，德行高尚，内心像美玉一样无暇，庄敬自持，与人无争，温和谦逊惠及下人，具有中华妇女的传统美德。公主在永徽元年（650）拜为长公主后，仍深戒骄奢，安于节俭，没有一次不对朝廷的恩赐极力推辞。公主一生谨言慎行，节俭奉礼，深得人心。然天妒红颜，"显庆四年（659）八月十八日，年仅三十二岁的长公主，因病薨于雍州万年县之平乐里第"。对于驸马来说，即使有能使亲人复活的香丸，也无奈空留下绣有翡翠纹饰的被子，即使有萧史弄玉的姻缘，也终有一别，终辞凤台而去。公主生前贤惠仁德，更加使驸马对于公主的病亡痛心疾首，叹息时光如白驹过隙、飞驰难留，感叹世事难料，即使走过红色的帐幔时都会想起公主的倩影，不由黯然伤神……

碑文前半部分主要记叙了公主平生的廉行，赞扬了公主的美德，正因如此，驸马对公主更加敬爱有加，以致公主去世后伤心至极、茶饭不思，决定亲自为公主书丹碑文，借以表达对爱妻的深切思念与无限哀思。铭文以驸马的口吻赞美了公主的廉义孝行以及公主与驸马夫唱妇随、相敬如宾的美好爱情，后半部亦以驸马的口吻道出了驸马对公主的千般恩爱、万般思念。驸马想到了公主的娇美容貌，想到了与公主美好的爱情，想到了与公主的相互扶持、相敬如宾，想到了公主对家人的温润善良、谦敬美德，想到了与公主的海誓山盟……他们唯一所期盼的便是白头偕老、死后同穴。而如今公主这只孤独的凤鸟匆匆永绝于世，怎能不叫失去爱妻的驸马悲痛欲绝。他把自己的哀思寄托于娥台女楼、山川树木，希望以它们与天地同在的生命来永远记住公主的音容笑貌，毫不避讳的表达了自己对公主的挚爱、对已逝爱人的哀思，向后人又一次诠释了古人刻骨铭心的爱情故事。

　　据《长安志》《文献通考》《唐会要》记载，驸马窦怀哲死后和兰陵长公主合葬于昭陵。这一对"在天愿为比翼鸟，在地愿为连理枝"的恩爱夫妇终以实现了"匪唯偕老，所期同穴"的心愿。

李勣碑

御制御书神道碑

唐（618 — 907）

高665厘米，下宽180厘米
陕西省礼泉县李勣墓遗存

　　《李勣碑》，唐仪凤二年十月六日（677）立，青石石质，现竖立于昭陵博物馆院内的李勣墓前，其碑圭篆刻"大唐故司空上柱国赠太尉英贞武公碑"十六字，碑面共刻有三千余字，字体为行草。碑题下"御制御书"四字及落款年月日为正书。碑阴刻"宋游师雄元祐四年"（1089）题记，正书。石碑经过一千多年的风雨剥蚀，字迹至今保存较为完好。

　　《李勣碑》是"昭陵碑林"中现存体形最高、最大的石碑，碑为"螭首龟趺"，这种形制比较少见，弥足珍贵。另外，《李勣碑》为"昭陵碑林"

● 《李勣碑》碑首

中现存唯一的一通由皇帝御制御书的石碑。御书皇帝高宗李治的书法是模仿王羲之《兰亭集序》，因而该碑书法艺术价值极高，为后人研究"二王"书法提供了极其稀有的蓝本，这使得这通石碑的历史价值变得无法估量。

　　"昭陵碑林"中的书法，大多出于唐代书法名家之手，如欧阳询书《温颜博碑》、褚遂良书《房玄龄碑》、王知敬书《李靖碑》和《尉迟敬德碑》等等，为后人研究唐代书法提供了极高的实物价值。《李勣碑》上的书法字体潇洒飘逸，点画遒美，骨骼清秀，疏密相间，起运自如，势若行云流

《李勣碑》

水、一气呵成，后半部行草尤纵横自如、神逸飘洒，干净简捷、出神入化。颇具"书圣"王羲之书法风范。

被尊为"书圣"的王羲之汲取前人书法精华，独创一家，擅长楷书、行书和草书，他的字端秀清新，"飘如浮云，矫若惊龙"，又如行云流水，布白巧妙，在尺幅之内蕴含着极丰裕的艺术美。唐太宗李世民倡导王羲之的书风，他亲自搜集、临摹、欣赏王羲之的真迹，并且把《兰亭集序》摹制多本，赐给群臣。在中国书法史上，帝王以九五万乘之尊而力倡一人之书法者，仅此而已。高宗李治与其父太宗李世民一样酷爱书法，尤其钟情于"二王书法，推崇备至、模仿不休"。《李勣碑》书法特点尤显"二王"书风，以致后世许多金石著录中都对此碑书法造诣给出很高的评价，说其书法字体如王右军墨迹《兰亭集序》之类极多。明赵崡《石墨镌华》中曾记载：

● 《李勣碑》碑首侧面

"李勣碑石，行书婉妙，书法宛然若王羲之、王献之……"

　　神道碑：神道即陵墓前的主道，碑，指的是立在神道上的石碑。石碑最早是古人用石头锲刻成竖石状，立于墓前，作为墓地的标记。后来人们不但对石碑造型有了规定，对碑面还精心打磨，刻上文字，还常常在碑体上雕刻纹饰，使其更加美观。神道碑上的文字记录多记载死者生卒年月、生平事迹、所做贡献等。"碑"一般由碑首、碑身、碑座三部分组成。"昭陵碑林"中，碑石为"螭首龟趺"的，其墓葬规格一般都较高，一般碑石均为"螭首方座"。"螭首"是指碑首上雕刻有六条"螭"身体相互盘绕，螭头下垂于碑首两侧，每侧有螭三条，俗称"六螭下垂"；"龟趺"是指碑座形制为龟形，碑座一般有"方座"和"龟座"之分，并以"龟座"为尊贵。

　　"螭首龟趺"中的"螭"是古代传说中属于蛟龙类的一种生物，形象是一种没有角的龙。龙为炎黄子孙最崇拜的神兽，把它装饰在碑头上成为螭首，碑的身价就变得更为高贵。而"龟"便是传说中龙的九个儿子之一，排行老六，名曰"赑屃"，也有人称其"霸下"，样子似龟，擅长负重。相传上古时它常背起三山五岳来兴风作浪，后被夏禹收服，为夏禹治水立下不少汗马功劳。治水成功后，夏禹就把它的功绩，让它自己背起。封建规制中由赑屃来背负石碑，是长寿和吉祥的象征，也进一步彰显了皇室的尊贵和荣耀。在森严的封建等级制度中，只有亲王、嫡出的皇子公主之列才可按制使用"龟趺"，其余人等皆不能僭越。而《李勣碑》除了外

● 《李勣碑》碑文

形高大无二外，还"僭越"使用"龟趺"，这进一步反映了李勣在大唐享有的特殊荣耀。《李勣碑》不仅是"龟趺"，而且"龟趺"体型巨大，它长 189 厘米，宽 184 厘米。正是因为这个巨大的"龟趺"，才使高大、挺拔的《李勣碑》没有像"昭陵碑林"现存众多倒仆入土的神道碑一样倒下，历经了 1300 多年的沧海巨变，却仍然稳稳地、挺挺地傲然矗立于李勣墓前，向人们展示、诉说着千余年来的荣耀和艰辛。

李勣生于隋开皇十四年（594），原名徐世勣，字懋公。唐武德初年，因有功于大唐，高祖李渊赐国姓李。唐高宗永徽元年，因避唐太宗李世民讳，遂改名李勣。李勣早年投奔瓦岗军，为瓦岗军主要将领之一，屡建战功，被瓦岗政权封为"右武侯大将军"。武德元年投唐，后追随秦王李世民南征北战，在大唐帝国的统一战争中战功累累。最著名的有灭王世充、窦建德，平息刘黑闼、徐圆朗，灭高丽、薛延陀的统一战争。总章二年（669）十月，李勣以七十六岁病亡，高宗李治恸哭，辍朝七日，总章三年（670）陪葬昭陵，并起冢像阴山、铁山、乌德鞬山，封土起冢三座并组成倒"品"字形状，这样的象形山封土，象征着李勣曾在这三个地方所建立的三大战功，以旌功烈。

李勣卒于总章二年（669），陪葬于总章三年（670），其碑为仪凤二年（677）高宗李治为其所立，中间相差七年，并不排除除了彰显其功绩外，高宗李治与皇后武则天为报答李勣之恩。据记载当年高宗李治欲立武则天为皇后时，受到群臣反对，征求李勣意见时，李勣说了一句"此乃陛下家事，不必征求他人意见"，从而使李治力排众议，立武则天为皇后。而武则天因这句一言九鼎之语，达到了自己多年来精心宫斗的目标，登上后位。李勣死后，高宗李治与武后则天便命人给自己的恩人精心打造了一通超高、超厚、螭首龟趺，形制居昭陵众陪葬墓碑石之首，并由高宗李治亲自书丹的神道碑，立于李勣墓前，算是报答了这位三朝元老的一言九鼎之恩。

兽首人身石生肖

猴年马月

唐（618 — 907）

生肖马高42厘米，生肖猴高42.2厘米
1974年出土于陕西省礼泉县唐肃宗建陵

　　1974 年，位于陕西省礼泉县城北 15 公里的唐肃宗李亨建陵内城门外，相继出土了两件兽首人身石生肖俑，分别为猴首人身俑和马首人身俑，俗称猴相和马相。两件俑是当地农民平整土地时发现的。

　　马相，出土于建陵朱雀门石狮东侧约 7 米处，双耳偏小、直立于头顶两侧，口微张，双目圆睁，目光平视。猴相，出土于建陵白虎门石狮西南方向约 140 米处，弯眉呈半圆形、双目圆睁、目光平视，眼球大有凸出感，鼻梁扁平、嘴唇紧闭，双耳贴于头两侧，肃穆站立。两俑均身穿交衽阔袖袍，

猴首人身俑

下着裳，腰系革带，双手持笏于胸前，足穿高头履，立于方形石座上。此两件生肖俑均以灰白色石灰岩雕凿，除马相背部可见雕凿痕迹外，其余皆打磨光滑。

生肖马相、猴相的发现为研究唐代陵寝制度增加了新的资料，是目前在唐代帝王陵园内城门外发现放置生肖俑的首例（以往发现的生肖俑均出于墓室，多置于墓室小龛内），也是目前北方地区发现持笏生肖俑最早的一例，标志着唐代帝王陵石刻的转型，更是证明兽首人身十二生肖俑出现于这一时期的有力佐证，是十二生肖俑从动物原型到兽首人身形象过渡、初具人型和"人气化"特征的早期阶段的代表作，具有鲜明的时代特征。

石生肖俑制作工艺为圆雕，通体雕凿较为精细，衣饰线条流畅、简洁明快，人物形神兼备、生动逼真，结构比例协调准确，同时又使用了彩绘工艺，历经千余年，在俑的头部、衣服褶皱处仍可见彩绘痕迹，展示了唐代石雕艺术与绘画艺术的巧妙结合。

● 猴首人身俑（局部）

马首人身俑

说到唐代石刻的彩绘情况，在建陵陪葬墓也曾出土有猴首人身彩绘石生肖俑，俑通体用五种颜色进行彩绘平涂，大部分颜色依旧鲜艳如初；在唐昭陵陪葬墓郑仁泰墓出土了两匹石刻战马和四尊石人，这几件石雕作品制作工艺细腻，在石人的头部、衣服褶皱之间，在石马的鞍鞯之上，都留有彩绘痕迹。这些现象也说明了唐代墓内放置的石刻俑，不乏使用彩绘工艺，也进一步说明了唐人对艺术的意识追求及所表现出来的丧葬礼俗和社会习俗。

一般情况下，十二生肖的位置均严格按照方位和顺序排列，建陵出土的石生肖俑位置为午马在南，申猴在西南，以此推之，若建陵内城门外放置的十二生肖俑齐全，应为午马在南、子鼠在北，酉鸡在西、卯兔在东，这种位置关系和唐代十二生肖多朝向顺时针方向，按顺序跟进之状的排列顺序极为符合。

　　唐代墓葬中出土的十二生肖俑可分为"动物式""兽首人身式""人物式"三种，其中以兽首人身最具情趣，而兽首人身俑又可分为盛唐以后的"兽首人身"和中唐以后的"人怀抱或头顶生肖"两种形象。艺术家将十二生肖的头部和人身巧妙地结合在一起，赋予十二生肖以"人性"的特点：身穿交衽阔袖长袍，双手持笏于胸前，褒衣博带，一副文人雅士之气派，头部为生肖写实形象，机警聪明，刻画生动自然，集聚了大自然赋予人的灵气和神气。

十二生肖

十二生肖，我们俗称属相，是中国传统文化中与十二地支相配用以记载人出生年份的十二种动物，是十二地支的形象化代表，具体为：子（鼠）、丑（牛）、寅（虎）、卯（兔）、辰（龙）、巳（蛇）、午（马）、未（羊）、申（猴）、酉（鸡）、戌（狗）、亥（猪）。随着历史的发展以及相生相克的民间信仰观念，生肖表现在婚姻、人生、年运等，每一种生肖都有丰富的传说和特殊的内涵，并以此形成一种观念阐释系统，成为民间文化中的意念哲学，如婚配上属相的相生相克、本命年的吉祥祈祷等。

十二生肖的起源与动物崇拜有关。据湖北云梦睡虎地和甘肃天水放马滩出土的秦简可知，早在先秦时期就有比较完整的生肖系统存在。东汉时十二生肖的动物已比较确定，初为纪年月用，北周开始流行以属相计算年龄的习俗，到隋唐十二生肖已经有了祈求吉祥的含义，被广泛地用于墓碑、墓志边饰及铜镜图案中。像这种兽首人身的十二生肖形象，多流行于盛唐以后至唐代末期，在唐代与"四神"（青龙、白虎、朱雀、玄武）合称"四神十二时"。

程咬金墓志

瓦岗英雄的生平

唐（618 — 907）

边长78.5厘米

1986年出土于陕西省礼泉县程知节墓

　　程咬金墓志保存较完整，志石方正，质地青石，志盖四刹雕刻四神纹饰图案，盖面篆书"大唐故骠骑大将军卢国公程使君墓志"；志底四侧面雕刻十二生肖纹饰图案，志文正书，45 行，满行 46 字，无篆书者姓名。

　　墓志纹饰图案以减低阳刻为主，雕刻精美，刀法细腻，四神、十二生肖图案形神兼备，比例协调。特别是志盖上雕刻的"对朱雀"纹饰比较少见，为墓志纹饰图案的十二生肖和四神形象的研究提供了不可多得的蓝本。该墓志书法雄浑有力、收放自如，再现了唐代书法荟萃之国的艺术造诣。其志文内容可与史书互校互补，具有珍贵的史料研究价值。

● 《程咬金墓志》盖拓片

　　墓志始于秦汉，发现最早的有秦劳役墓瓦志和东汉刑徒砖志，石刻墓
志是我国古代丧葬礼制中重要的随葬品之一，它是置于墓道或墓室并用来
记载墓主身份、地位和生平事迹的葬品，选材多以青石为主，墓志上除了
刻有志文外，人们常把自己崇拜的图腾或者能代表美好愿望的图案装点在
墓志上，以祈逝者灵魂得以佑护。石刻墓志的发展在唐代达到鼎盛时期，
结构分上下两层，上层称为"盖"，上刻墓主人姓氏、官位、爵位等称谓，

下层称"底"，刻有墓志文。墓志文一般由志和铭两部分组成，志多用散文撰写，叙述死者的姓名、籍贯、生平事略；铭则用韵文概括全篇，歌功颂德，表示悼念和安慰。

小说中的程咬金贩私盐、打捕快、劫皇纲，并以"混世魔王"和"三板斧"众所周知。而其墓志内容展示给我们的墓主人生平与小说中瓦岗英雄的形象却差异较大。

墓志文中说程公本名知节，字义贞，今山东郓城人，没有提及程咬金这个名字，但在两《唐书·程知节传》中均载本名咬金，却未载其表字，推测咬金是其发迹前的俗名。墓志追述程咬金先祖为水德王颛顼，还有周朝统帅军队的程伯休父，救下赵氏孤儿的程婴，廉洁清高的程谋甫、程叔翰皆为程咬金的代代先祖。他的曾祖父程兴，为北齐兖州司马；祖父程哲，北齐晋州司马；父亲程娄，济州大中正，他们都气节高逸、品性纯真坚强。

故此推断程咬金原生于高贵的官宦之家，其生而资貌奇异，猿臂善射为武将之才。隋大业六年（610），盗贼蜂起，程咬金组织了一支数百人的武装，护卫乡里。他后来投奔李密，得到重用，为内军骠骑之一，因李密刚愎自用，再归王世充。武德二年（619），因鄙夷王世充为人多诈，程咬金与秦叔宝等一起投唐，唐高祖李渊让他们跟随秦王李世民，李世民久闻二人之名，十分尊重他们，任命程咬金为秦王府左三统军，秦叔宝为马军总管。李世民在全军中挑选了千余精锐骑兵，皆着黑衣黑甲，分左右队，由程咬金、秦叔宝、尉迟敬德等骁将统领，号称玄甲队。每次作战，李世民都披上黑甲亲率玄甲队作为先锋，冲锋陷阵，所向披靡，敌人无不畏惧。从此，程咬金跟随李世民破宋金刚、窦建德、王世充。墓志中说程公在战场上勇猛敏捷，像孙膑一样善于运用军事谋略，因功绩卓越而被朝廷封为宿国公。

程咬金对大唐及太宗皇帝的忠诚天地可鉴，李世民做秦王时，屡建奇勋，地位特殊，威望极高，对太子李建成构成严重威胁。李建成为保住太子地位，与齐王李元吉联手反对李世民。在太子与秦王的明争暗斗中，由于程咬金是李世民的得力干将，李建成便欲除之，于是向李渊进献谗言，程咬金被外放任康州刺史。程咬金对李世民说："秦王手臂如被剪除，身将不保，我宁死也不愿离开您。""玄武门之变"时，程咬金协助李世民取得皇太子之位，李世民封赏功臣，赏程咬金绢六千匹，骏马两匹和金装鞍辔，还有金胡瓶、金刀、金碗等物，加封上柱国勋官，授太子东宫左卫率，不久拜右武卫大将军。

贞观初年，剑南道少数民族反叛朝廷，程咬金任行军总管进行讨伐，功成而返，太宗重赏，又封其次子程处亮为东阿县公，不久又封程处亮为驸马都尉，把第十一女清河公主下嫁给他。

贞观十一年（637），太宗效法周、汉分封制，封功臣为刺史，令子孙代代世袭。程咬金被封为普州刺史，改封卢国公。这种违背历史潮流的世袭分封制遭到功臣们的抵制，不久朝廷便废除，重新安排世袭刺史到外州任职，程咬金委任为北部军事重镇幽州刺史，他谦逊理政、以仁义化民，

《程咬金墓志》志文拓片

以威名安定北方民族。后因功被授为左屯卫大将军，在玄武门检校屯营兵马，为御林军统帅之职，负责皇宫安全。

贞观十七年（643），唐太宗命人画二十四功臣图于凌烟阁，程咬金名列第十九名。贞观二十三年（649）四月，太宗行幸终南山翠微宫，太子李治、长孙无忌、褚遂良等跟随，五月，驾崩于翠微宫。程咬金亲自统领皇帝侍卫护送太子李治赶回京城，并驻扎在左延明门外保卫京师，经过一百天，朝野安定，加封镇军大将军。

显庆二年(657)，69岁的程咬金任葱山道行军大总管，讨伐西突厥阿史那贺鲁，九月与贺鲁之子交战，大胜。及后，又领军至鹰娑川（今新疆焉者都开河上游）与西突厥对垒，命前军总管苏定方率五百精骑冲乱其阵脚，西突厥大败。唐军乘机追击，缴获军资、马匹漫山遍野，不计其数。此时本应乘胜追击，但副大总管王文度嫉妒苏定方的战功，假传圣旨，并一再蛊惑程咬金，在王文度的蛊惑下，程咬金停止了追击，未能取得更大战果。后唐军进抵怛笃城（今哈萨克东南），数千胡人归附，程咬金又受王文度的蛊惑，不顾苏定方的反对，下令屠城，抢掠城中的财物而去。回京后，王文度谎言被拆穿，程咬金也因指挥不力而被免官为民。不久，高宗念及旧功，又授予程咬金为岐州（今陕西凤翔）刺史。程咬金以年事已高为由，请求退养，得到批准。

麟德二年(665)，程咬金病逝，享年77岁。朝廷追赠骠骑大将军、益州大都督，陪葬昭陵。

石翁仲

古墓前的守护神

唐（618 — 907）

高310厘米
陕西省礼泉县李勣墓遗存

　　唐昭陵陵园近二百座陪葬墓中当属英国公李勣墓前石刻保存最完好，体型最高大。一对石刻翁仲立于内外三层仰莲底座上，每层十六个莲花瓣，翁仲头戴小冠，身穿阔袖长袍，双手拄环首仪刀于胸前，浓眉大眼，八字翘须，闭嘴，长髯，足登如意履，神情肃穆，仪态威严，分左右侍立于墓前。

　　翁仲原指匈奴人的祭天神像，大约在秦汉时被汉人引入关内，作宫殿前的装饰，初为铜制。后来翁仲则专指陵墓前神道两侧的文武官员石像，成为我国2000多年来上层社会墓葬祭祀活动的重要代表物。《汉书·五行志》记载了这样一段传说：秦始皇二十六年（前 221），秦边界临洮一带，出现了十二个身高五丈，足迹六尺，身穿夷服的巨人。秦始皇以为这是吉祥的征兆，于是，销毁天下兵器，按十二巨人的模样铸成十二个铜人，置于宫殿前。后来铜像变为石像，不仅宫殿前有，陵墓前也开始列置石人。另有唐封演著《封氏闻见记》记载："秦汉以来，帝陵前有石麒麟、石象、石马，人臣墓则有石羊、石虎、石人、石柱之属，皆所以表饰坟垄如生前之仪卫耳。"由此可见，早在秦汉时，大臣墓前就有列置石翁仲。

昭陵陪葬墓前多有石刻翁仲，但翁仲脚踩莲花座却仅此一例，在目前发现的唐墓中，帝陵级的太子李弘恭陵翁仲足踩莲花座，可见李勣这位"国之长城"去世后享受了极高的饰终之典。

李勣原姓徐，名世勣，字懋功，曹州离狐（今山东东明一带）人。因唐高祖李渊赐姓李，故名李世勣。后因避唐太宗李世民讳，

● 李勣墓石翁仲

● 李勣墓石翁仲

遂改名勣。唐封英国公，为凌烟阁二十四功臣之一。在唐朝甚至在我国整个封建历史上，李勣都可以说是一位极富有传奇色彩的人物，他出将入相，位列三公，极尽人间荣华，历事唐高祖、唐太宗、唐高宗三朝，深得朝廷信任和器重，被誉为"国之长城"。他墓前翁仲形象有别于其他大臣，亦是情理之中。

有传说翁仲为一人名，姓阮，秦人，身高一丈二尺，力大无比，武艺高强。秦始皇东征时，为解决西顾之忧，让阮翁仲镇守临洮（今甘肃临洮县）。阮翁仲多次击退外族侵犯，威震夷狄。后翁仲不幸去世，秦始皇伤心至极，就在咸阳司马门外铸了一尊高大的阮翁仲铜像，以表纪念。匈奴人来咸阳，远见铜像，以为真的阮翁仲而不敢靠近。以后的帝王纷纷效仿，相沿成习，将所铸铜像称为翁仲。秦汉以后，翁仲逐渐改用石雕。至唐时，陵墓前立石翁仲成为一种风气，不仅帝陵，就连规格较高的大臣墓前也立有翁仲。

十四国番君长石雕像

汉夷同心 共铸辉煌

唐（618 — 907）

1965—2002年间出土于陕西省礼泉县昭陵北司马门内

　　唐昭陵十四国番君长石雕像雕刻于贞观二十三年（649），距今已有 1300 余年之久。十四国番君长石雕像是人们习惯上的称谓，实质上是十一个国家的十四位君长的石雕像。石像均按真人等比例雕刻，像座上题名为当时著名书法家殷仲容题写的八分隶书，共计 163 字。题名内容有这些少数民族首领所在的地域或国名、称号、在唐王朝任职的官职以及姓名，具有极高的史料价值和书法艺术价值。石像的形体、相貌、服饰各不相同，个性鲜明，有卷发、辫发、直发，辫发者有的发纹细密整齐，有的粗疏随

● 唐昭陵十四国番君长石雕像像座铭文

意，还有的头戴软帽，或额系抹额带，可以说这组石雕像是极其写实的肖像作品，是集政治、历史、艺术价值于一身的珍贵历史文物。

十四位君长分别为：

突厥颉利可汗、右卫大将军阿史那咄苾

突厥突利可汗、右卫大将军阿史那什钵苾

乙弥泥熟俟利弊可汗、右武卫大将军阿史那思摩

答布可汗、右卫大将军阿史那社尔

薛延陀真珠毗伽可汗

吐蕃赞府松赞干布

新罗乐浪郡王金真德（女）

土谷浑乌地也拔立豆可汗

龟兹王呵黎布失毕

于阗王伏阇信

焉耆王龙土骑支

高昌王鞠智勇

林邑王范头利

婆罗门国王阿罗阿顺

其中突厥可汗就有四位，龟兹、于阗、焉耆、高昌均为我国新疆地域少数民族部落，薛延陀、吐蕃、吐谷浑为西部少数民族部落，新罗为现今的朝鲜半岛，林邑就是现在越南中部，婆罗门为印度。贞观二十三年（649），唐太宗驾崩后，阿史那社尔、契苾何力等少数民族首领，请求殉葬，被唐高宗阻止后，纷纷劓面割耳，以示悲痛，《资治通鉴》记载，贞观二十三年九月，唐太宗崩，"四

● 唐昭陵十四国番君长石雕像像座

● 唐昭陵十四国番君长石雕像（正面）　　　　　　● 唐昭陵十四国番君长石雕像（背面）

夷之人入仕于朝及来朝贡者数百人，闻丧皆恸哭、剪发、劈面、割耳，流血洒地"。高宗李治遂命置十四国番君长石雕像于昭陵北司马门内。千余年来，由于自然或人为破坏，石雕像或身首异处，或深埋地下，个别像座甚至被用作了明清所立的祭陵碑碑座。自 1965 年至 2002 年间，经过数次清理发掘，目前为止，十四国番君长石雕像已获得至少 13 个个体，躯干部分 11 个个体，题名石像座 13 个可以确认。

值得一提的是，新罗乐浪郡王金胜曼是其中唯一的女性，她对大唐文化崇拜至极。贞观二十一年（647）新罗善德女王金德曼去世，因无子嗣，堂妹金胜曼以圣骨之身继承王位，成为新罗国的第二十八代君主，为真德女王。即位第二年真德女王改元太和，派使臣到唐朝，请求唐助其攻百济。太和三年（649）正月女王号令全国着唐装，次年织锦作五言《太平颂》遣使献给唐高宗，并开始行唐永徽年号。永徽五年(654)，真德女王去世，唐高宗为之举哀，追赠开府仪同三司，赐给彩缎三百。真德女王去世几十年后，大唐也诞生了一代女皇武则天。

十四位番君长中有通好的、归顺的，也有被活捉的，但都没有被杀，而且封官送还，继续统治自己的民族。不仅体现了唐王朝跟邻邦的友好关系，更重要的体现了唐太宗开拓中西交流，反对外来侵略，志在实行国家一统的功绩。诚然，一些战争是在所难免，战争也给各族人民带来了灾难，但战争结束之后，很快出现了安定团结、邻邦友好、国家统一的局面，促进了国家与国家、民族与民族之间的政治、经济、文化大交流、大融合、大发展，这才是历史发展的主流。

"四海一家，爱之如一"是初唐统治者处理民族事务的基本原则和方针政策，唐太宗李世民继承了父亲李渊"怀柔远人，义在羁縻"的民族和解政策，摒弃"非我族类，其心必异"的歧视认识，胸怀若谷纳天下，被四夷尊为"天可汗"，昭陵十四国番君长石雕像便是这一史实的真实写照。

这组珍贵的石雕像可以让我们了解和感受大唐王朝周边少数民族的历史发展、民族风貌、人物形象、信仰习惯及服饰特点。对于研究唐代政治、经济、军事及民族关系、民族服饰史都是及其珍贵的资料，其写实的手法更如"昭陵六骏"那般成为中国美术史上光彩夺目的一页。

六试婚使

唐贞观十四年(640)，吐蕃使臣禄东赞奉松赞干布之命，到唐朝迎请文成公主。禄东赞携带众多的黄金、珠宝等，率领求婚使团，前往唐都长安请婚。不料，天竺、大食、仲格萨尔以及霍尔王等同时也派了使者求婚，他们均希望能迎回贤惠的文成公主做自己国王的妃子。唐太宗李世民非常为难，为了公平合理，他决定让婚使们比赛智慧，谁胜利了，便可把公主迎回，这便是历史上的"六试婚使"。最终，禄东赞不辱使命，以他超乎常人的智慧顺利取得胜利，使得松赞干布顺利迎娶文成公主入藏。

温彦博碑

欧阳询收官之碑石作品

唐（618 — 907）

高342厘米，宽111厘米

陕西省礼泉县温彦博墓遗存

　　《温彦博碑》又名《唐右仆射温彦博碑》《唐虞公温彦博碑》等。碑原置温彦博墓前，1975 年移入昭陵博物馆并加固。碑额题"唐故特进尚书右仆射虞温公之碑"。岑文本撰文，欧阳询正书，共 36 行，满行 77 字。碑下部断裂，字多漫灭，顶部部分刻字仍可见，楷法精妙，神采奕奕，确系唐碑上品，全文约二千八百字。此碑书法艺术价值极高，历代书法名家对此碑都给予极高称赞。

《温彦博碑》

157

● 《温彦博碑》碑首

    该碑立于贞观十一年（637），距今已 1300 多年，加之经岁月的风蚀和历代捶拓，文字剥蚀断损严重，故存世拓本极少。据记载，《温彦博碑》宋拓本仅有不到十本，除被故宫博物院、上海图书馆、中国国家图书馆、中国国家博物馆等收藏以外，其他版本今已不知所踪。原碑虽说只有顶部少数刻字清晰可辨，但这足以使观者领略欧阳询书法的绝妙之处。此碑书法严谨匀整，平正清穆，矩法森严，体方笔圆，属于最标准的正书格调。以笔法的广博和精湛来讲，八法兼备，能从中领略到每个字的点画转折之精致，结构安排之疏密，章法、布置之技巧，为欧书中较为典型的作品，

具有极高的书法研究价值。

温彦博 (574—637)，字大临，太原祁县 (今山西祁县) 人，唐朝宰相，礼部尚书温大雅之弟。《新唐书》中有"温彦博，通书记，警悟而辩。开皇，对策高第，授文林郎为幽州总管罗艺司马"的记载，归唐后，得高祖李渊赏识重用，以并州道行军长史率军与突厥战于太谷，军败被俘。突厥拷问其唐军军情及国内虚实，温彦博拒不回答，乃被囚禁阴山苦寒之地。贞观四年（630），李靖、李勣大败突厥，温彦博得以返唐。贞观中，迁中书令，封虞国公，进尚书仆射。贞观十年（636），又升任尚书右仆射。

贞观十一年（637）温彦博病逝，追赠特进，谥号恭，陪葬昭陵。

欧阳询（557—641），汉族，潭州临湘（今长沙）人，字信本，楷书四大家（欧阳询、颜真卿、柳公权、赵孟頫）之一。欧阳询聪敏勤学，涉猎经史，博闻强记。隋朝时，曾官至太常博士。与李渊交好，在唐累迁银青光禄大夫、给事中、太子率更令、弘文馆学士，封渤海县男，也称"欧阳率更"。与同代的虞世南、褚遂良、薛稷，并称初唐四大家。欧阳询楷书法度之严谨，笔力之险峻，世无所匹，被称之为"唐人楷书第一"。欧阳询与虞世南俱以书法驰名初唐，并称"欧虞"，后人以其书于平正中见险绝，最便于初学，号为"欧体"，他的字有多人评论。

据史书记载，欧阳询的形貌丑陋，但他的书法却誉满天下，人们都想得到他亲笔书写的尺牍文字，一旦得到就视作瑰宝，作为自己习字的范本。资料记载唐武德年间（618—624），高丽（位于今朝鲜半岛朝鲜境内）特地派使者来长安求取欧阳询的书法。唐高祖李渊感叹地说："没想到欧阳询的名声竟大到连远方的夷狄都知道。他们看到欧阳询的笔迹，一定以为他是位形貌魁梧的人物吧。"

清代王虚舟曰："史称欧阳询卒于贞观时期，年八十五岁，此碑（温彦博碑）书于贞观十一年，是率更最晚的作品。复四年，尚有小楷千文，计书此碑，亦已将八十矣。而圆秀腴劲，与《醴泉》《化度》不殊，宜其特出有唐，为百代模楷也。"《温彦博碑》是欧阳询一生中最后一次炉火纯青的书石作品，也是其生前书石之代表作。

尉迟敬德墓志盖

丝丝露白飞帛书

唐（618 — 907）

边长120厘米
1974年出土于陕西省礼泉县尉迟敬德墓

　　《尉迟敬德墓志》由盖、底两部分组成，体量丰硕，石色晶莹，雕刻细腻，文字优美，在昭陵陪葬墓出土墓志中体量最大，被定为国家一级文物。尤其是墓志盖上的飞白书，以其特有的风采，在昭陵碑林中放射着奇异的艺术光芒，是件令人赞叹不已的书石珍品。

　　志盖共镌刻二十五字："大唐故司徒并州都督上柱国鄂国忠武公尉迟府君墓志之铭。"这些字点画间如丝线贯穿，若断还连，仿佛绢带迎风，舒卷自如。在石刻中，其笔画只有高低之别，并无颜色之异，若将这种书体书于纸上，则丝丝露白，因此得名"飞白书"，也叫"飞帛书"。这种书体在史料中多有提及，唐代非常盛行，然其传世的书石作品却凤毛麟角，实属罕见。尉迟敬德墓志盖上的飞白书，保存完好，刻字清晰，既有笔断意相连的感觉，又有丝帛迎风的飞动之趣，如丝带连接，随风舒卷，使人叹为观止，堪称"国之瑰宝"。

飞白书是一种具有特殊风格的书法，酷似用缺少墨水的枯笔写成，别有一番风韵，如无言的诗，似无形的舞。据史料记载，此书体是东汉著名文学家、书法家蔡邕在一个偶然的机会发现并创成的。

蔡邕，汉末著名女诗人蔡文姬的父亲。他不仅是位出色的文学家，也是当时一流的书法名家。其隶书，结构严谨，点画有俯有仰，富于变化，素有"骨气洞达，爽爽有神"的美誉。有一次，蔡邕遵照汉灵帝之命，写

● 《尉迟敬德墓志》盖

作《圣皇篇》一文，文章写好后，按照当时的规定，需由他亲自送到皇宫图书馆——鸿都门。不巧，这天鸿都门正好装修，大红宫门紧闭。这时，只见一名工匠用笤帚蘸着石灰浆粉刷宫墙。由于笤帚太大，石灰浆又很浓，所以刷完的墙一道黑一道白的，看上去很不舒服。蔡邕此时由于进不了鸿都门，便伫立门下，观察良久。忽然间如有所悟，他转身一口气跑回家里，赶紧找来一些竹子，劈成细条，仿照笤帚的式样，绑在一起，做成了一支扁形的竹笔。然后饱蘸浓墨，快速运笔，经过反复刻苦练习，终于创出这种点画中有丝丝露白的书体——飞白书。

飞白书创成后，曾一度极为盛行。尤其是当时一些宫门的匾额题字，均采用此体。从汉到宋，研习飞白书的名家也层出不穷，其中尤以两晋南北朝及唐宋时期人数最多，出现了上自皇室帝王、当朝卿相，下及书坛名家、僧道平民皆竞相逞能，万般喜爱飞白书的喜人局面。

自古以来，人总是有着强烈的好奇心。当某种新鲜事物出现时，它必然会吸引人的注意力，进而使人对它产生浓厚的兴趣。飞白书丝丝露白、笔道清晰、翻转明显的特点，有既不同古也不同今的强烈个性。其鲜明的趣味性让它产生了强烈的新奇感，自然就会使人们去欣赏它，进而乐于竞相在游戏中愉快地去创造它。

唐太宗、唐高宗、武则天都酷爱飞白书，在帝王的推崇下，唐代很多大书法家也都在飞白书上有所建树，史载欧阳询的飞白书"峻于古人，犹龙蛇战斗之象，云雾轻笼之势"。唐太宗是唐代最擅长飞白书的皇帝，常常书之以赐臣下，臣子们也以得到唐太宗的飞白而倍感荣耀，一时间飞白书成为贞观时期君臣联络感情的好工具。《资治通鉴》《新唐书·马周传》都记载了唐太宗以飞白书赐刘洎、马周的故事。榜样的力量是不言而喻的，名人效应也不可低估。飞白书不仅在宫廷和书坛流行，其影响已经辐射到当时的文学界和美术界，并且有不少著名的文学大家为之吟诗作赋，给予高度评价。岑文本就曾有诗《奉述飞白书势》："六文开玉篆，八体曜银书。飞毫列锦绣，拂素起龙鱼。凤举崩云绝，鸾惊游雾疏。别有临池草，恩沾垂露馀。"

飞白书在北宋之前可谓代代相传、风行于世，但至南宋时却无人用心于此，从而走向衰败，最终被逐渐消解。

贞观十七年（643），唐太宗宴请三品以上大臣于玄武门，宴席间太宗一时兴起，当场操笔手写飞白书赐予诸大臣，大臣们趁着酒意在太宗手中争抢，时任散骑常侍的刘洎见争抢不到，情急之下登上御座，乘高夺之。众大臣见刘洎冒犯，皆向太宗表奏治其罪，太宗不但没有发怒还笑着说："昔闻婕妤好登辇，今见常侍登床。"以汉成帝宠妃班婕妤辞辇步行的谦逊美德比兴刘洎，可见太宗对自己的飞白书作品是相当引以为豪。此外唐太宗还写飞白书赐予马周，书曰："鸾凤凌云，必资羽翼。股肱之寄，诚在忠良。"在唐太宗的熏陶下，他的子女也大多练得一手好字，《新唐书·太宗二十一女传》载，晋阳公主以十岁之妙龄，临摹唐太宗飞白，形神兼备，下不能辩。

升仙太子碑

武周圣历二年(699)二月初四，武则天由洛阳赴嵩山封禅，返回时留宿于河南缑山升仙太子庙，一时触景生情撰写升仙太子碑文，并亲为书丹。碑文33行，每行66字，碑文表面记述周灵王太子晋升仙故事，实则歌颂武周盛世。笔法婉约流畅，意态纵横。这通武则天撰文书写的巨碑，彰显了女皇的雄才大略，饱含书法神韵。她开草书刊碑之先河，不失为女书之精品。尤其碑额"升仙太子之碑"六字，以飞白体书就，笔画中丝丝露白，巧隐十个鸟形笔画，作为唐代飞白书遗存未几中的佼佼者而被书法界所推崇。

魏征墓神道碑

昭陵『无字碑』

唐（618 — 907）

高400厘米
陕西省礼泉县昭陵乡魏陵村北魏征墓神道遗存

　　陕西省礼泉县昭陵乡魏陵村北的凤凰山上，埋葬着我国历史上以犯言直谏而闻名的一代良相魏征。魏征墓西南距唐太宗昭陵主峰仅 2000 米，以山为墓，在昭陵诸多大臣陪葬墓中规格最高。墓前至今仍矗立着一通充满历史沧桑感的神道碑，碑石质泛白，碑首、碑侧的花纹仍在，碑身却非常平整，空无一字。碑座为赑屃状，碑头雕饰的蟠桃图案具有极强的立体感，古朴大方，刻工精湛，这一别出心裁的设计一改唐碑"六螭下垂"的碑首造型，有着不同寻常的意义。

● 《魏征墓神道碑》碑首

　　魏征（580—643），字玄成，钜鹿郡曲城（今河北晋州）人，唐朝著
名的政治家、思想家、文学家。曾任谏议大夫、左光禄大夫，封郑国公，
谥文贞，凌烟阁二十四功之一。魏征以直谏敢言著称，是我国历史上最负
盛名的谏臣，其言行《贞观政要》多有记载，并著有《隋书》序论以及《梁
书》《陈书》《齐书》的总论等。在他诸多作品中给唐太宗的谏文表《谏
太宗十思疏》最为有名，流传至今。

　　贞观十七年 (643)，六十四岁的魏征因病溘然长逝。唐太宗闻讯后，

● 早年仆倒埋入地下的《魏征墓神道碑》

悲痛万分，罢朝五天，以示哀悼，并说出了那段千古名言："夫以铜为镜，可以正衣冠；以史为镜，可以知兴替；以人为镜，可以明得失。朕常保此三镜，用防己过。今魏征殂逝，遂亡一镜矣。"太宗还写下《望送魏征葬》："阊阖总金鞍，上林移玉辇。野郊怆新别，河桥非旧饯。惨日映峰沉，愁云随盖转。哀笳时断续，悲旌乍舒卷。望望情何极，浪浪泪空泫。无复昔时人，芳春谁共遣。"悲伤之情，感动世人。

魏征墓是昭陵诸多大臣陪葬墓中，距离昭陵九嵕山最近的一座。《旧唐书·魏征列传》载，魏征亡后"帝亲制碑文，并为书石"。今人认为碑头的设计亦为太宗皇帝刻意而为，意喻魏征如神话传说中的仙果蟠桃那般，几千年才得以开花结果，是位千载难逢的人才。

唐太宗与魏征君臣一个是从谏如流的明君，一个是耿介直言的忠臣，他们不仅成就了彼此的政治美名，也铸就了一段流传千古的君臣佳话。魏征病亡后，唐太宗亲自为其设计神道碑，自然是享受了极高的饰终之典，但如今的神道碑上却空无一字，成了一通"无字碑"。

《旧唐书·魏征传》记载：魏征生前支持太子李承乾，并大力举荐了原来的中书侍郎杜正伦和吏部尚书侯君集。然而，魏征死后，李承乾竟冒险举事，想再次发动玄武门之变，争夺皇位，无奈行动失败。杜正伦和侯君集均为太子党，两人一个被贬，一个被杀。唐太宗在一些奸佞之人的怂恿下，认为两人都是魏征举荐，便怀疑他也参与了结党营私。加之魏征曾将自己所录前后谏言往复给史官起居郎褚遂良看。太宗得知后大怒，乃命人推倒了亲为魏征撰制并书写的墓碑，并磨掉了碑文，还下旨解除了衡山公主与魏征长子魏书玉的婚约，一时间震动朝野。

但无情的现实很快就让唐太宗后悔不已。贞观十九年（645），唐太宗在时机并未完全成熟之际，征辽失败，无功而返。此时，太宗回想起魏征，惆怅地说："魏征若在，必不使我有此行。"于是，再次派人前去祭奠魏征，还立了一通碑于墓前。然而，时过境迁，后来立的碑已不只去向，被推掉的神道碑却一直仆倒墓前，久而久之，埋入地下，上世纪90年代重新出土后予以扶正，并修建碑亭予以保护。只可惜几经波折，唐太宗当年亲书

● 《魏征墓神道碑》

之碑已成为"无字碑"。但就是这通"无字碑"不同寻常的经历，让我们更客观全面地了解一段千载难逢的君臣情谊。

魏征早年投靠唐高祖李渊创建的唐王朝，为太子李建成做事。由于魏征才华出众，因此很受太子器重。武德九年（626）六月四日李世民发动"玄武门兵变"，杀死太子李建成与齐王李元吉。年轻而敏锐的李世民知道魏征是个难得的人才，便亲自召见他。李世民一见魏征，非常生气地责问他："你为什么要离间我们兄弟的感情？"在场的大臣们都认为魏征将有杀身之祸。可是，魏征却从容自若，以非常自信的口气回答说："如果皇太子早听我的话，肯定不会落到今天这样的下场。"李世民听后，被魏征这种不畏强权的正直精神所感动，打心眼里钦佩他的人格，不但没有处罚他，反而此后重用魏征。

由于魏征能够犯颜直谏，即使唐太宗在大怒之际，他也敢面折廷争，从不退让，所以唐太宗有时对他也会产生敬畏之心。有一次，唐太宗想要去秦岭山中打猎取乐，行装都已准备停当，但却迟迟未能成行。后来，魏征问及此事，唐太宗笑着答道："当初确有这个想法，但害怕你又要直言进谏，所以很快打消了这个念头。"还有一次唐太宗得到了一只上好的鹞鹰，把它放在自己的肩膀上，很是得意。但当他看见魏征远远地向他走来时，便赶紧把它藏在怀中。魏征故意奏事很久，致使鹞鹰闷死在怀中。

一次，唐太宗怒气冲冲地回到后宫对皇后长孙氏说，总有一天，我要杀掉这个"乡巴佬"。长孙皇后忙问要杀谁？太宗说，魏征常常在朝堂上当众刁难他，使他下不了台。皇后听了，连忙换上朝服，毕恭毕敬地行礼向太宗道喜说："魏征之所以敢当面直言，是因为陛下乃贤明之君啊。明君有贤臣，欢喜还来不及，怎能妄开杀戒呢。"太宗恍然大悟，此后更是"励精政道"，虚心纳谏，对魏征倍加敬重。魏征也进谏如故，"思竭其用、知无不言"，从不畏龙颜之怒。由是，君臣合璧，相得益彰，终于开创了大唐"贞观之治"的辉煌盛世。

《甲胄仪仗图》
唐代军人的风采

唐（618 — 907）

高196厘米，宽170厘米

1991年出土于陕西省礼泉县长乐公主墓

　　《甲胄仪仗图》反映唐代甲胄仪仗的生活场景图。图中绘有 6 位仪卫形象，前边 1 人为领队，后边 5 人错落排列。均头戴尖顶胄鍪，胄顶插缨，墨描眉目及须，嘴涂红彩，内着窄袖衣，外穿铠甲，足蹬黑色尖头长筒靴。皆两腿前后分立成八字形，给人一种稳若泰山状。前面领队与后边 5 人拉开距离，浓眉大眼，络腮胡须，左臂置腰际，右臂曲胸前，腰佩长剑，手握剑柄，身材魁梧，侧向而立，气度不凡。后边仪卫均为八字胡，面向或左、或右，各不相同，佩弓韬、长剑，手执红色五旒旗，旗杆笔直着地，旌旗迎风飘展，静中寓动。

长乐公主是唐太宗"特所钟爱"的女儿，又葬于贞观时期经济繁荣之时，而这幅壁画作品，场面宏大，色彩瑰丽，具有皇室画派一丝不苟的绘画风格，无论是人物造型、风格技巧以及设色敷彩都达到了空前水平，充分展现了唐代军人特有的气质风采。由此也可以想象当年冲锋陷阵、身先士卒的秦琼、敬德、程咬金、徐懋功、李靖等将帅叱咤风云的盖世英姿。

仪仗，即仪卫兵仗。亦指帝王、官员出行时护卫所持的旗、伞、扇、兵器等。《晋书·五行志》："王敦在武昌，玲下仪仗生华如莲花，五六日而萎落。"《三国演义》第八回："（董卓）自此愈加骄横，自号为'尚父'，出入僭天子仪仗。"现指国家举行大典或迎接外国首脑时护卫所持的武器，也指游行队伍前列所举的旗帜、标志等。

中国封建帝王、权贵的出行仪仗在唐代以后的规模有所减弱，但其作为权力、地位的象征在后代王朝则一直存在，这幅《甲胄仪仗图》就直观、形象、真实地反映了初唐皇室出行时的盛况。

这幅作品，在绘画技巧上很有特色，线条流畅，晕染细腻，描绘精到。人物的眉毛、胡须根根不乱；甲胄及披肩上的甲扎片片有序、紧密相连，就连链接甲片和铆钉的络带、腰带上的带钩和扣眼，也都描绘的清晰可数。人物铠甲款式一模一样，后边5人的佩饰挂件也完全相同，但又不同于复制。更值得赞赏的是，作者对人物造型的处理很讲究得法，古代的人物画家有许多带有程式化，画男子成兄弟，画女子成姊妹，可谓千人一面。而这幅作品，虽然受到材料、人物年龄的相仿、服饰相同等因素的影响，但画家还是独具匠心，别出心裁地在人物面部表情上下工夫，力求凸显个性，才使得画中人物各具特点，把一个个武士铁骨铮铮、气吞山河的精气神刻画得淋漓尽致，栩栩如生。画家在表现人物个性上取得了成功，也兼顾到创作对象的共性，以求与主题不相悖，因此，画家又紧紧抓住军人特有的气质，在勇猛、刚毅上重彩一笔。于是，一个大唐男儿自信豪迈、果敢威猛的首领形象及武卫骁勇善战、刚强坚毅的个性特征便跃然壁上。也侧面展示出了大唐的军威、军律以及军事配置的完善。

在我国封建社会里，上至帝王皇妃、王子公主、名相重臣，下至州县官员，均按等级品位，各有定制地配备仪仗扈从，前拥后簇，车乘相衔，旌旗招展，充分显示帝王将相至尊的地位。

画中领队、随从每人腰间都配挂箭箙，箭箙形制均为圆筒形，底大、口小、腰部微收，口上有遮板，遮板呈打开状态，箭箙内盛满箭矢，一副整装待发，可随时进入警戒的状态。箭箙，亦称"箭服""箭室"，是古代军队中骑兵和步兵普遍使用的军事配置，用于盛放箭矢，箙是用竹木制作的箭匣。人类很早就发明了弓箭，大概商周时期就出现了箭箙。

这幅《甲胄仪仗图》中，仪卫所穿甲胄跟我们所见的历代壁画、石刻、俑类中的甲胄有所不同，胄鍪是由边沿弯曲的甲片拼接而成，

《甲胄仪仗图》

《甲胄仪仗图》（局部）

披膊及铠甲是以毛皮做里子，外扎长方形甲片。这是古代甲胄中一种新颖独特的款式。

　　唐代甲胄，用于实战的主要是铁甲和皮甲。除铁甲和皮甲之外，唐代铠甲中比较常用的还有绢布甲。绢布甲是用绢布一类纺织品制成的铠甲，它结构比较轻巧，外形美观，但没有防御能力，所以不能用于实战，只能作为武将平时服饰或仪仗用的装束。

卤簿

仪仗自汉代起也称为卤簿。唐封演《封氏闻见记》卷五："舆驾行幸，羽仪导从谓之卤簿，自秦汉以来始有其名。"帝王、官吏及皇室贵族外出时，需要护卫仪仗随从，以防不测。然后根据他们出行的目的，确定随从护卫仪仗的数量、规模以及各种装备等，并编制成册籍，即为卤簿，以此作为礼仪制度的重要组成部分。古人"事死如事生"，他们生前用些什么，死后一般就会陪葬什么。从随葬品的多少、大小、质地等均可看出墓主人生前的社会地位。从昭陵已发掘的长乐公主、新城公主、韦贵妃、阿史那忠、郑仁泰、李震等墓的壁画《仪仗图》中，可以看出地位尊贵的公主、贵妃仪卫人数要远远多于名将大臣阿史那忠、郑仁泰、李震墓葬中的仪卫人数，即仪仗人数依地位的高下而各有差异，这也是卤簿制度在实物中的印证。

《献马图》
人马情未了

唐（618 — 907）

高146厘米，宽155厘米
1990年出土于陕西省礼泉县韦贵妃墓

　　这幅《献马图》中绘有两名着民族服装的男子和一匹白马。其中一人为主人，卷发阔口，深目高鼻，身穿圆领红色长袍，足蹬黑色长筒尖头靴，身材魁梧，体格健壮。另一人为控夫，蹙眉瞪目，鼻子上翘，上穿翻领窄袖杏色长袍，领边及衽边镶红色，腰束黑色革带，下着格子窄腿裤，脚穿软履，身材较为瘦小，此时，他虽未牵马，但还是表现出一个"控缰状"的习惯动作。两名男子不管从外形还是着装上，都表现出典型的北方少数民族人物形象。马色全白，头小身高，体型俊俏洗练，也是胡马形象；鞍鞯齐备，披鬃拖尾，右前蹄和左后腿同时抬起，一副脱缰欲奔的样子。

画师在创作过程中，匠心独运，以少数民族同胞向唐王朝贡献良马为焦点，同时又抓住了人与马的内心情感，以娴熟笔触及高超技艺，表现出了人马不愿分离的情景。整个画面层次分明，简括浑厚，笔力遒劲，一气呵成。服饰衣纹，线形圆润，粗细有致，意写出衣服的飘动和质感，反映了画师深厚的功力与造诣。

　　此画在着色上更是技高一筹，色彩搭配，浓淡相宜，晕染自然，浑然一体，具有很强的艺术感染力。

　　仔细观看这幅作品，我们可以强烈地感受到马处新境，奋蹄怒嘶及两名男子与马分离时的复杂心情。图中骏马眼神低沉，头依偎着人，抬起的蹄子随时有跟主人走的意思，张开的嘴巴是和人的一种情感交流，好像诉说着它不愿离开主人；主人紧闭的嘴巴、忧伤的眼神以及搂抱马脖和轻握缰绳之举，无不表现出一种"人马情未了"的惜别与不舍之情。控夫虽然蹙着眉瞪着眼，但那眼神流露出的除了强悍还有一丝无奈。

　　《献马图》绘于韦贵妃墓第一天井东壁。因韦贵妃墓以山为墓，凿石为圹，故此壁画幸免山洪和雨水渗漏的破坏，画面完整，颜色饱和鲜艳。

　　在墓道或天井壁上画鞍马，是唐墓壁画习惯反映的题材。据考古资料显示，陪葬献陵的李寿墓，陪葬昭陵的新城公主、李震、程咬金、阿史那忠等墓，陪葬乾陵的懿德太子、永泰公主等墓都有鞍马壁画发现或出土。韦贵妃墓《献马图》更是笔力扛鼎、气象恢宏，堪称初唐鞍马壁画的翘楚之作。

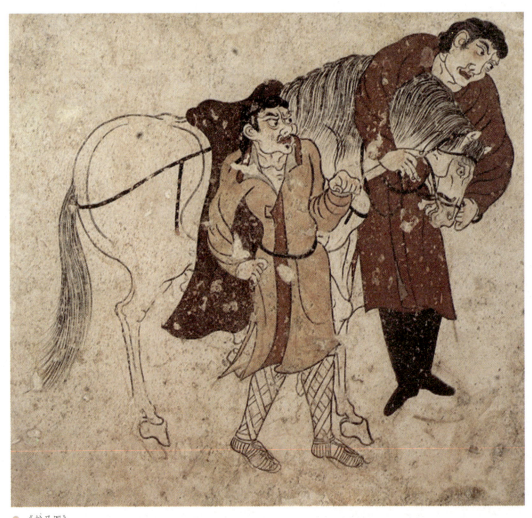

● 《献马图》

初唐画家画马，不以膘肥体壮为美，讲求以筋骨反映骏马精神。图中骏马，筋骨毕现，虽然被定格在低头的瞬间，但奔跑起来，一定是长鬃飘逸，日行千里。马是人类最为亲密的伙伴，早在4000年前就被人类驯服，并为十二生肖之一。马在古代曾是农业生产、交通运输和军事等活动的主要动力，尤其是冲锋陷阵，所向披靡的战马，更是受到帝王将相的宠爱，所以马也就成了唐代画家笔下的爱物。《全唐诗》杜甫的《韦讽录事宅观曹将军画马图》中写道："昔日太宗拳毛䯄，近时郭家狮子花。"至盛唐，画家对马更加青睐，出现了曹霸、韩干等著名画马艺术家。但他们所画的马，一概膘肥，杜甫批评他们没有画出骏马的筋骨气概，他在《丹青引赠曹将军霸》中评论说："干惟画肉不画骨，忍使骅骝气凋丧。"当然，韩干画马，也很注意马的神态，他画唐玄宗爱马《照夜白图》卷，名动朝野，后人评论说："君看山马不受羁，天姿妖娇凌云飞。"但是，初唐画家笔下的骏马形象，不但筋骨饱满，也天姿妖娇，达到了极高的艺术水平。

唐朝是我国封建社会对外的大扩张时期，也是我国多民族国家形成的重要历史阶段，唐太宗的民族和解政策为这一历史阶段奠定了良好的开端。贞观年间，唐太宗作为圣明之君，对外恩威并施。他通过战争，征服了东突厥、吐谷浑、龟兹、高昌、薛延陀、西突厥等少数民族邦国和部落，战争结束后，唐太宗并没有采取民族歧视和压迫政策，他说："自古皆贵中华，贱夷狄，朕独爱之如一。"而是采取了更为开明的民族平等和解政策。对一些归顺的少数民族邦国，采取了建立民族自治区政策，设置羁縻府州，委任原少数民族首领为都督、刺史，不改变其生活方式和宗教信仰，还把部分首领调到中央担任要职。对待有些少数民族邦国，如薛延陀等，政策则更为宽大，只要求其承认中央政府，承认其是属国，就不会干涉其族内的一切事务，包括其基本的政治体制，推行以夷制夷的一国两制政策。唐太宗的这些开明而又远见政策，改善了民族关系，加强了民族团结，促进了多民族国家的形成，出现了空前的民族大团结局面。唐太宗因之也被西北各少数民族尊为"天可汗"，一时间，向唐王朝贡献的使者，络绎不绝，真可谓"九夷重译，相望于道"。

西北的大漠草原，自古盛产良马，西北少数民族向唐王朝贡献的物品中以良马居最。这幅《献马图》反映的就是当时献马的场面。它从艺术上高度概括了大唐的强盛和民族团结、四海臣服的光辉历史。此壁画曾先后赴日本、美国、香港等多个国家和地区进行"出访"，成为当今对外友好关系的使者。

唐代壁画中的承露囊

唐人荷包

唐（618 — 907）

高120厘米，宽63厘米
1972年出土于陕西省礼泉县阿史那忠墓

　　昭陵博物馆收藏有一幅《捧果盘男装侍女图》壁画，这幅壁画描绘了
一位唐代女侍，她身着男装，头戴黑色幞头帽，身穿白色圆领窄袖长袍，
下穿红白相间条纹波斯裤，足穿软底鞋，双手捧盘，盘中物品呈莲花形状；
女子眉清目秀，清纯可人，腰间束黑色革带，革带上佩挂"承露囊"。承
露囊为白色色调，圆形，用丝带自上而下饰于囊表面，丝带上端系于革带
之上，下端下垂形成流苏，以丝带为对称轴，两侧绣有简单图案花饰，除
囊口外四周饰波浪形花边。

壁画中女子幞头帽、圆领袍、波斯裤、软底鞋在当时是妙龄少女颇为流行的时尚装扮，足以呈现出女子的英姿飒爽，这种装扮在唐墓壁画中出现较为频繁，但女子腰间佩戴的服饰配饰的"承露囊"形制小巧精致，做工讲究。加之"承露囊"一词，我们了解最多的只是古人诗词歌赋中的文字记载，所以壁画中出现的佩戴"承露囊"的画面，使"承露囊"的概念由文字转化为图片，具有极强的视角冲击力和研究价值。

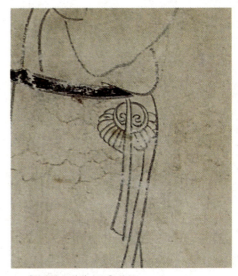

● 《捧果盘男装侍女图》局部

这幅壁画在用色上简洁明快，洗练素雅；在用笔上简练概括，给人清新雅致之美感；用墨有浓有淡，线条有粗有细，笔法以铁线描为主，显得劲健有力、一气呵成；设色以平涂填染为主，再加以晕染，这样刚柔并用，浓淡相融的画法，使得人物形象更加生动传神。

"承露囊"是一种形制类似于荷包的囊，它既可以用作佩饰，也可佩于腰间用来盛放细小物件。

自古以来，"露"被认为是祥瑞之物，《初

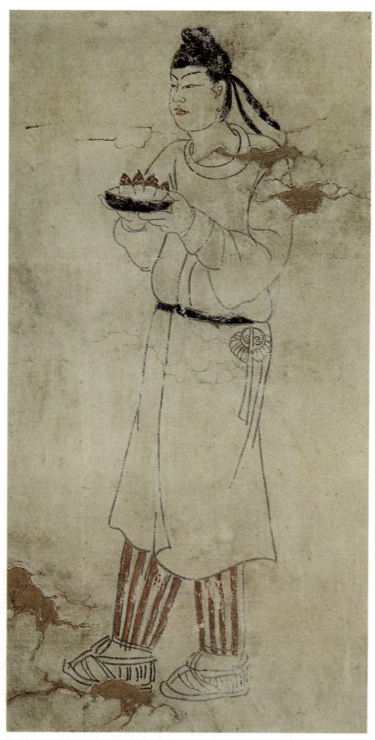

《捧果盘男装侍女图》

学记》中记载："甘露降"是皇帝施仁政、德泽万民的征兆。汉朝郭宪《洞冥记》又有"东方朔游吉云之地……得玄黄青露盛之璃器以授帝（指汉武帝）。帝遍赐群臣，得露尝者，老者皆少，疾病皆愈"。这则传说反映了汉人普遍的心理作用，认为服用甘露可以祛病延寿。

早在汉代，就有"承露盘"之说，正史记载汉武帝好神仙，做承露盘以承甘露，以为服食之可以延年。如《资治通鉴》中有"汉武帝元鼎二年春起柏梁台，修建承露盘，高二十仗，大七围，以铜为之，上有仙人掌，以承露，和玉屑饮之，可以长生"的记载。又如三国曹植《承露盘铭》有记："固若露盘，长存永贵"，所以"承露"一词，在唐之前便有。

唐《封氏闻见记·降诞》中记载了唐开元年间，丞相张说上奏，以唐玄宗生日八月初五为千秋节，百官献"承露囊"，隐喻为沐浴皇恩，民间更是仿制做为节日礼品相互馈赠，这便是史料对承露囊最直接的记载。

由于"承露囊"在正史上没有记载，其缘起及发展便不得而知。但却有承露囊的形制是在荷包的基础上演变分枝而来的说法，与荷包并存，在用意上与承露盘相同。唐杜牧《过勤政楼》诗中云："千秋佳节名空在，承露丝囊世已无。"也说明"承露囊"这一事物是真实存在的。

唐墓壁画中的"承露囊"，也有学者通称之为"荷包"，这样二者便有了直接的联系。荷包是古人用来盛放零星细物的小袋，最早的荷包，既可手提，又可肩背，后来发展为挂在腰间。制作荷包的材料，最早有用皮革，称囊；后来也用布帛，所以又称包。荷包最早出现在春秋战国时期，历经各个朝代，其用途除随身携带收纳小物件外，还曾被广大青年男女视为定情信物。荷包发展到现在，就是我们端午节佩挂的香囊，到了端午节，老人要给孩子衣扣、脖子上挂上香囊，香囊内有朱砂、雄黄、香药，外以各色丝布缝制成各种不同的形状，并以五色丝线刺绣成各种图案，不但有避邪驱瘟之意，还象征着万事如意、大吉大利。

承露囊在唐代发展较为繁盛，唐人根据荷包用途，结合一些外来因素以及历史渊源，于是便出现了唐人思想意识中的"承露囊"，既反映了当时的社会习俗，又承载了人们对美好生活的追求。

另外，在唐昭陵陪葬墓以及其他唐代墓葬壁画中也频繁出现了"承露囊"，如新城公主墓壁画《秉烛与黑帔帛二侍女图》、新城公主墓壁画《担子图》、唐献陵陪葬墓房陵大长公主墓壁画《持花男装侍女图》等。

除了壁画，在昭陵出土文物中也有"承露囊"形象出现，如郑仁泰墓"男骑马胡俑""女骑马俑"，男女俑腰间佩挂有承露囊，形制均为素面椭圆形。

我们从壁画中可以看到，初唐时的"承露囊"多用锦帛缝制而成，基本形制大致都是圆形或椭圆形，囊表面花饰简单，边沿习惯上以简单的花边作装饰。陶俑佩戴的承露囊虽无法鉴别质地，但其形制、大小比例与壁画基本一致，也说明承露囊作为一种普通配饰，在初唐的形制没有太大变化。

《束抹额男装侍女图》

额间一抹倾城色

唐（618 — 907）

高108厘米，宽45厘米
1990年出土于陕西省礼泉县烟霞镇韦贵妃墓

　　《束抹额男装侍女图》位于韦贵妃墓墓室南壁后甬道北口西侧，壁画中女侍身穿深红色圆领窄袖袍，腰束黑色革带，足穿黑色尖头长靴；眉毛粗而浓密，凤眼红唇，面施脂粉，脸庞圆润，头发中分束于脑后，额前佩戴白色抹额，抹额形制偏窄，素面，两侧以丝带系于脑后，微微侧身面向墓室站立，双手拱于胸前，神情专注，仿佛在时刻等待主人的吩咐。

　　我们看到女侍额前佩戴的装饰物便是抹额，抹额形象在唐代文物中并不多见，只在壁画中有少量发现，且出现的频率也不高。壁画中的抹额以

《束抹额男装侍女图》

女子佩戴居多，且多是搭配女着男装形象出现，同时抹额款式也比较单一，抹额上的纹饰也普遍简单。这些有明确纪年墓葬中抹额的出现，对唐人服饰以及唐代社会风尚的研究具有较高的历史价值。

《束抹额男装侍女图》中女子形象一改初唐的清瘦，变得丰腴，人物造型显得雍容大方、典雅高贵，人物形象描画传神，色彩明快、线条流畅。壁画线描艺术上采用了刚健而富于弹性的铁线描和细柔飘逸的游丝描交替使用，刚柔并济，粗细浓淡相宜，恰到好处。色彩的运用上比较自如，画工们大胆用色，随意调和，使得画面色彩沉稳，色调融合，给人亲和舒服之感。敷彩技法上，多使用平涂着色，且着色较重，女子面部眉毛较浓较粗、绘制较为夸张，这也许是作者极力想表现时代气息赋予女子独特的美，体现出唐代工匠们对绘画艺术的匠心追求。

抹额，也称额带、头箍、发箍、眉勒，多为汉人使用的装饰，是将布帛、织锦等织物折叠或裁制成条状围勒于额前。佩戴抹额的习俗早在商代已经出现，一直发展演变流行至明清时期，它是明清以前不论男女皆可佩戴的饰物。据说抹额最早是北方少数民族为了抵御严寒而缝制的一种保护前额、用以取暖的御寒之物，后为汉人沿用。《续汉书·舆服志》注曰：北方寒冷，人们用貂皮附施于帽用来暖额，随后便演变为头上的一种装饰。

抹额古时多为武士用之，当时的抹额即是武士用来束额的布帛，《中华古今注》卷上"军容抹额"条记载："秦始皇巡狩至海滨，亦有海神来潮，皆戴抹额绯衫大口袴，以为军容礼，至今不易其制。"

汉代抹额被军将武士、仪卫卫士用作额饰，也有"军容抹额"之称。武士仪卫以布帛织物抹额，并非为了装饰，而是用作部队的标识，不同颜色的抹额，可用于区分不同的部队。

唐朝时期，抹额在唐代武人中亦常见，唐朝诗人李贺的《画角东城》诗云："水花沾抹额，旗鼓夜迎潮。"另外，抹额也作为男子幞头内所衬的头饰，而且官阶不同，抹额的色彩工艺也不同。抹额在唐代文献中也有记载，《新唐书·食货志》载：陕县尉崔成甫自作歌辞，集两县妇女百余人，佩戴红抹额，鲜服靓妆，鸣鼓吹笛相和而唱，以取悦天子。这便是唐代民间系扎抹额的真实记录，表明在唐代头饰抹额也是比较普遍的事情。

宋代男子崇尚系裹头巾，抹额多用于女子，女子们通常将五色锦缎裁制成各种特定的形状，并施以彩绣，有的还装缀珍珠宝石，这样抹额便渐渐向着首饰靠拢。

元代贵妇用抹额者不多，只有普通人家的女子才喜欢这样装饰。估计在额间系扎这么一道布帛，可防止鬓发的松散和发髻的垂落，除了容装，还有便于劳作。

明代是抹额的盛行时期，当时的妇女不分尊卑，不论主仆，额间均以抹额相饰，抹额的形式也更加多样，一般多饰以刺绣或珠玉，更有以兽皮做原料制作的抹额，于是又增加了抹额的取暖功能。

清代贵族妇女和百姓人家都流行抹额装饰，抹额成为男女老幼的必备饰物，我们能看到清代保留下来的照片资料中，抹额着实普遍存在，并且抹额额前位置大多会镶嵌珍珠宝玉等装饰品。我们可以以《红楼梦》中人物佩戴的抹额作为想象的依据：剧中的人物，上到贾母，下到刘姥姥，几乎人人头上都佩戴形制相似，但质地、制作不同的各式抹额。

历代以来，抹额的形式变化多样，最初流行宽的，后来又崇尚窄的，还有在两侧多出两个护耳的款式；其制作工艺也是从简到繁，开始以布帛简单的裁剪而成，后来爱美且心灵手巧的女子们用刺绣或珠玉来装饰抹额表面，使其变得华丽而漂亮；其质地发展到后来，更有以水獭、貂鼠、狐狸等毛皮制作的起保暖作用的暖额，当然，这种高、大、上的抹额不是一般平民百姓能拥有得起的。

其实，在现实生活中我们不乏看到抹额的影子，如今接近抹额的恐怕当属在沸腾的球赛现场那些激情澎湃的球迷额头所系的写着"必胜"的红布带吧！它是统一精神和鼓舞士气的重要表现形式之一。

我们除了看到的这幅《束抹额男装侍女图》中女子佩戴抹额的情况，在唐墓壁画中，也有男子饰抹额的真实形象，如唐乾陵章怀太子墓出土的《仪仗图》中，几名男子仪卫卫士均于黑色幞头之上再佩戴红色抹额。

另外，昭陵博物馆收藏的唐墓壁画中，也有几幅女子佩戴抹额的壁画：

如韦贵妃墓的另外一幅《束抹额男装侍女图》，其位置与文中壁画东西对称，抹额形制也相似。

唐太宗外甥女段简璧墓两幅壁画《三侍女图》中，第一位侍女着男装，腰佩蹀躞带、挂鞶囊，下穿红绿相间条纹波斯裤，足穿红色刺绣软底鞋，头发盘于脑后，头饰红色刺绣抹额。

唐太宗最小的女儿新城公主墓壁画《秉烛与黑帔帛二侍女图》中，右边侍女着男装，腰佩半圆形囊袋，下穿红白相间条纹波斯裤，双手秉烛台，女子头饰红色抹额，抹额上有白色团花。

右威卫将军安元寿墓壁画《提壶男装侍女图》中，一位身材矮小、四肢短小的侏儒女着男装，足穿黑色尖头靴，手提胡瓶，目光呆滞，头饰简单的红色抹额。

从唐墓壁画中男女均佩戴抹额的情形以及抹额的发展演变，我们可以清晰的了解到中国传统服饰文化发展的灵活性、多元性以及引领作用。

《给使图》

滑稽的宦官形象

唐（618 — 907）

高146厘米，宽90厘米
1978年出土于陕西省礼泉县段简璧墓

　　壁画《给使图》一组四幅，每幅绘制一人，分别绘于段简璧墓第二过洞东西两壁，每壁两幅。图中给使，均戴黑色幞头，穿窄袖圆领长袍，束腰，佩鞶囊，足蹬长筒黑靴。这些人物形象服饰基本相同，但面部表情和手上动作却各具情态。

　　这组《给使图》中的男侍一，绘于东壁南段。右手持笏，左手指点，嘴微张，呈诉说貌；男侍二，绘于东壁北段。左手握拳屈胸前，右手指点，伸颚，张嘴，龇牙，呈讥讽、指责貌；男侍三，绘于西壁南段。偻腰拱手，双目斜视，呈现出奴颜卑膝、却又别有用心的样子；男侍四，绘于西壁北段。右手拇指竖起，左手指点，呈现出自我矜夸的样子。由于男侍一、男侍二图中的上部可见墨书的"给使"二字，所以称此图为《给使图》。

画家在创作这四幅作品时，为了反映给使们因被阉割而发生的形体变态和心理扭曲以及他们善于见风使舵、谄上欺下、颠倒黑白、搬弄是非的职业特性，巧妙地运用了"漫画"创作手法，对他们加以丑化处理。四幅图中的给使，有的露鼻咧嘴，面若冰霜，似在喋喋不休，狗仗人势地训斥他人；有的双目斜视，耸肩作躬，一副阴险奸诈，谄上欺下的恶奴形象；有的指手画脚，得意忘形，一副巧舌如簧，自我矜夸的丑恶嘴脸；有的尖嘴猴腮，挤眉弄眼，似在闪烁其词，诽谤贤良。看到他们丑陋的神态和复杂的内心活动，不由使我们对当时画家善于刻画人物内心世界的绘画技艺刮目相看。

中国的绘画艺术历史悠久，种类繁多。到了唐代，壁画成了绘画艺术的重要组成部分。由于时代的变迁，殿堂、寺观的壁画很少保留下来。所幸的是，随着近年唐代墓葬的发掘和清理，不见于史籍的唐墓壁画，以其独有的风貌而引起了中外人士的广泛关注。

20世纪70年代以来，在昭陵陪葬墓区先后发掘了40余座陪葬墓，其中尚存有壁画的18座，已揭取的99幅，约500余平方米。年代最早的是贞观十四年（640）的杨温墓壁画，最晚的是开元九年（721）契苾夫人墓壁画，时间跨度达82年，反映出这一时期绘画艺术发展的脉络和不同流派间各异的绘画风格。这些壁画中有婀娜多姿的侍女，翩翩起舞的乐伎，乘车出行的贵妇及神态各异的给使。

给使，即供人役使之人，特指王公贵族的随从、内侍。《后汉书·杨

震传》疏："臣案国旧典，宦竖之官，本在给使省闼，司昏守夜。"因此，给使多为阉人。《资治通鉴》卷二〇三垂拱二年八月条录补阙长社王求礼表："（唐）太宗时，有罗黑黑善弹琵琶，太宗阉为给使，使教宫人。"通常情况下，人们习惯把帝宫里的给使叫做宦官，有时也尊称为公公。由于唐墓壁画的内容多是世俗生活的反映，所以，在昭陵陪葬发现与出土的壁画中，给使形象为数不少。

在绘画技法上，这四幅作品，全用白描手法，线条圆润流畅，一气呵成。白色的衣袍，被画家巧妙的用水用墨，表现得饱满淋漓，质感极强，衣服褶皱也表现得恰切真实，极富立体感。同时，画家在处理画中人物时，抓住一个"趣"字，把每幅画创作得情趣灿发，别致新奇，意味隽永，引人深思。这些说明唐代画家善于观察生活，提炼生活，有着深厚的艺术底蕴和高超的绘画功底。

纵观唐代前期墓葬壁画中的阉人形象，可以深刻地感觉到，画家们的封建伦理道德取向非常明确，对阉宦普遍采取鄙夷的态度。从伦理角度来讲，画家们的道德观应当受到批判，但从政治角度来讲，却反映出唐代前期封建秩序比较正常，阉宦政治地位很低，难以参政议政。究其原因，主要是太宗汲取前代特别是东汉末年宦官专权的历史教训，制定了压抑宦官的具体政策，为唐代前期国君做出了榜样。唐代不专设宰相之位，其职权由三省六部长官行使。《新唐书·宦者传》载："内侍省不立三品官，以内侍为之长，阶第四，不以任事，惟门阁守御、廷内扫除、禀食而已。"

由于阉宦无行政权力，所以画家才敢夸张地丑化他们的形象，这和唐代中后期形成鲜明的反差。唐自肃代起，阉宦开始把手伸向中央权力。《旧唐书·宦官传》载，马嵬兵变以后，李亨北上灵武，宦官李辅国、程元振极力鼓动李亨另立中央，即皇帝位。李亨灵武即位后，对李辅国、程元振大加宠信，使其"位至三公，封王爵"，开始干预朝政，但还未"全握兵权"。代宗时，大将郭子仪北伐，代宗之子东讨，特立观军容宣慰使，由宦官鱼朝恩任其职，然军队"自有统帅，亦监领而已"，阉宦之手虽已伸入军队，但未完全控制军队。德宗贞元以后，阉宦为了巩固兵权，在神策军中大量收蓄养子，破格提拔，其权力日炽，连在外飞扬跋扈的藩镇将领也都竞相贿赂他们，使其权力达到了"万机之予夺任情，九重之废立由己"的地步。唐代中后期的皇权更替，宦官废立皇帝若小儿游戏一般，尽管南衙宰相与其展开了长达百年之久的斗争，也只打了个平手。试想，在宦官专权的岁月里，哪个画家敢在大臣墓葬壁画里故意丑化他们的尊容？所以，在唐代中后期的大臣墓葬里，很少发现被丑化的阉宦形象。正因为如此，这组《给使图》中丑态百出、滑稽可笑的阉宦形象，才显得弥足珍贵。

《十二扇屏》家居场景图

唐（618 — 907）

通高160厘米，每扇宽70厘米
1990年临摹于陕西省礼泉县燕妃墓

　　屏风为十二扇，绘制于墓室棺床南、西、北三面壁上。每扇图均由远及近的绘有山峦、大雁、树木、人物、块石、小草等，十二扇屏中，除一扇绘三人外，其余均绘二人，这两人扇中，有一扇上绘有飞天。图中人物皆着博衣广袖，但神态举止各不相同。有同步前行者，有回首凝望者，有相互施礼者，有并坐于榻者……

　　该《十二扇屏》画面层次分明，构图饱满，墨线勾勒娴熟流畅而富有韵致。画家通过细腻的笔触、高超的技艺和敏锐的观察力，绘画出一扇又一扇温馨浪漫的田园生活景象，生动而又真实地反应出了皇宫贵族美好生活的景致。

壁画屏风图像性质是对居室榻床周围屏风的模仿，是一幅家居场景图。由于墓室象征着墓主的寝室，所以，仿照墓主生前寝室卧床三面围屏风的实际，绘制屏风图，通常都作六扇或十二扇屏，笔法模仿两晋，内容以列仙孝道为主。

唐代墓室中，除绘有乐舞、侍女壁画外，屏风图像也是内宅景观的一个重要组成部分。在墓室中绘屏风图像的做法是北朝壁画墓的一种传统，但是唐代壁画墓中的屏风图像不像北朝壁画墓那样是画在墓室北壁的帷帐中墓主人像的背后，而是绘在象征卧榻的棺床所靠的壁面上，从而营造出墓主生前的居室内景。在唐代现实居室中，屏风是一种重要的陈设家具，上面常绘有书画作品，既可以体现主人的身份又能反映主人的学识和修养。另外，屏风在唐代是一种极为重要的绘画作品的载体形式。据文献记载，李思训、吴道子、阎立本、薛稷、王维、张萱等画家均画过屏风图。

从考古资料来看，壁画墓中的屏风画，首先在形制上，有独扇（或通屏）、三扇、四扇、五扇、六扇、八扇、十二扇、十五扇、二十二扇几种。其次，在内容上，有人物、花鸟、山石、畜兽、十二生肖等，其中以人物和花鸟最多。人物画屏风多见于天宝年间以前的壁画墓中，天宝年间以后人物屏风画减少，这种褒衣人物屏风画更是少见，而花鸟屏风画则大为流行。上述燕妃墓《十二扇屏》所绘的有身着魏晋时期褒衣的服饰，也有穿

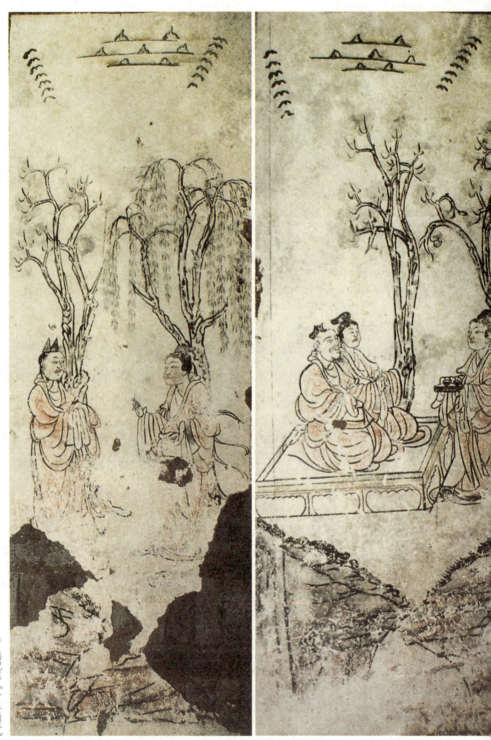

燕妃墓《十二扇屏》

唐代当时流行的服装。从某种意义上讲，这种褒衣人物屏风画反映了这个时期社会上普遍认同的儒家道德观念和道教神仙观念。

　　屏风一般陈设于室内的显著位置，起到分隔、美化、挡风、协调等作用。它与古典家具相互辉映，相得益彰，浑然一体，成为家居装饰不可分割的整体，而呈现出一种和谐之美、宁静之美。古典屏风的制作形式多种多样，主要有立式屏风、折叠式屏风等。古时，王侯贵族的屏风制作非常讲究，可谓极尽奢华。然而，民间的屏风制作大都崇尚实用朴素。唐代诗人白居易曾作《素屏谣》曰："当世岂无李阳冰篆文，张旭之笔迹，边鸾之花鸟，张藻之松石，吾不令加一点一画于其上，欲尔保真而全白。"表明了其对素屏的崇尚之意。《十二扇屏》的绘画风格，就是素屏的一种。整幅画面，没有鲜亮妖娆的色彩，只以墨色描线和晕染，凸显出素雅的质感之美。

　　屏风的使用在西周早期就已开始，除了挡风、障蔽视线和分割空间之外，还象征着威严和权势。起初，屏风是专门设计于皇帝宝座后面的，称为"斧钺"，成了帝王权力的象征。《史记》中也记载："天子当屏而立。"经过一段漫长时间的发展，屏风开始普及到民间，走进了寻常百姓家，成了古人室内装饰的重要组成部分。汉唐时期，几乎有钱人家都使用屏风。到了明清时期，古典屏风制作工艺已达到十分完美的阶段，并形成了极具个性的时代特色和中国民族风格。现藏于北京故宫中的"紫檀雕云龙纹嵌玉石座屏风"，堪称清代古典屏风的典型代表。

　　有关屏风，还有一段励志的故事呢：唐太宗李世民执政之初，吸取了隋炀帝贪暴奢侈而亡国的教训，认真推行了一套节俭戒奢的国策，从而为"贞观之治"打下了良好基础。但随着政权的巩固，李世民逐渐暴露出追求奢侈享受的苗头。这些都被忠臣魏征看在眼中，急在心中。贞观十三年，魏征写了一份《十渐不克终疏》的奏章，劝告李世民执行节俭的政策要善始善终，决不能半途而废。接到奏章后，李世民越看越感到言之有理，于是下旨将魏征的那份奏章写于自己室内的屏风上，以"朝夕瞻仰"，时时提醒自己要善始善终。正因为魏征敢于提反面意见，唐太宗又虚心纳谏而且闻过即改，君臣同心创造了"贞观之治"。后人于是将写有这份奏章的屏风称作"戒奢屏"。

美的经典的东西，总能传承下来，形成一种独有的文化。屏风不仅为古人所钟爱，它也摆在了现代化的会议室、瑜伽室、茶馆餐厅、酒店、健身房等。随着时代的更迭，当代众多的设计师用自己的智慧，以传统为根，创造性的演绎着屏风的大美之气，让屏风身上凝聚的淳厚文化，也得以流传，是一种"隔不断"的中国美。

《十二扇屏》壁画中的人物形象，是现实生活的复制，具有强烈的世俗观念，反应出了唐人许多的生活信息及大量的唐文化元素，使我们从唐人的生活及审美，看到了大唐的文明与进步。为我们研究初唐时期屏风的绘画风格、流行趋势提供了珍贵的实物佐证。对研究唐朝的衣饰、宫廷生活等也有重要的参考价值。

《阙楼图》

王朝更替阙楼坚

唐（618 — 907）

高153厘米，宽242厘米
1990年出土于陕西省礼泉县烟霞镇韦贵妃墓

　　《阙楼图》绘于韦贵妃墓第一过洞口上方，整个建筑位于高台上的单层斗拱之上，形制为五间两层，上层建筑略小；屋顶为双层全木结构，房屋四周带有环形走廊，建筑两侧有廊房，上下层之间由斗拱、人字拱连接，青瓦挑檐，挑檐两侧祥云飘动，屋脊两端饰鸱尾，庄严肃穆、气魄不凡、雍容华贵。

　　阙楼制度是唐代建筑体制的重要组成部分，由于唐代建筑多为土木结构，经过1000多年的风雨剥蚀、历史演变，早已铅华褪尽，难觅其踪。

● 韦贵妃墓《阙楼图》

然所幸的是，唐墓壁画中所出现的阙楼建筑形象，都是唐人画唐景，是唐代建筑写实性的真实再现，不仅印证了史料记载，也为后人研究唐代建筑提供了非常珍贵的第一手形象资料。

这幅《阙楼图》所有构件在画法上均先用线勾勒，再平涂填色，线条横平竖直、一丝不苟，绘制的相当细致；整个建筑色调简洁明快，红木青瓦，屋顶舒展平远，门窗朴实无华，给人庄重、大方的印象。同时，它的建筑风格特点突出、气魄宏伟、严整又开朗，反映了唐代建筑艺术加工和结构的统一。斗拱硕大，使屋檐看上去显得更加深远；木柱较粗，似乎体现了唐人以胖为美的审美观点；屋檐高挑上翘，而且翘起的屋檐分为上下两层，更加显现出木构建筑的高大宏伟、气魄不凡。斗拱的结构、柱子的形象、梁的加工等都让人感到构件本身受力状态与形象之间内在的联系，达到了艺术效果上力与美的统一。

阙，在古代是宫殿、祠庙和陵墓前对称建置的高台建筑物，通常左右各一。古时皇宫门前两边供瞭望的楼称为宫阙；皇城上建置的楼也称城阙；陵墓前两边的石牌坊称墓阙。阙楼是中国古代设置在城桓、宫殿、祠庙、陵园等建筑群入口处标榜地位尊崇的高层建筑物，由于它们位于大门两侧，也称门阙。

"阙"一词，最早见于《诗经》之中。东周到东汉，阙主要作为一种封建礼制性建筑而存在，形制是两座孤立的高台，高台上有屋，对峙于宫门、城门、墓道和庙门之前，起标表入口以壮观瞻的作用。约东汉中期到南北朝，大门两边孤立的阙被连为一体，于是便形成了当时具有军事防御功能的坞壁。据考证，汉代建阙之风极盛，并且等级森严，规定了一般官员只能用一对单阙，诸侯可以用一对二出阙，只有皇帝才能用三出阙，直至隋唐时期，仍旧沿用这种森严的阙楼制度。像懿德太子墓的《阙楼仪仗图》中的三出阙，说明太子是按照帝王礼制入葬。隋唐以后，阙楼的功用在历史的发展中变得很广泛，出现了宅第阙、陵阙、墓阙等仍然象征身份地位的建筑。

关于阙楼的实际用意，古人也有一些说法，《古今注》中说"大臣上朝面君前，走至阙前总要自省，对自己的上表内容再做一个充分地梳理准备，以防'缺'失。"故"阙"与"缺"意思相同。《释名》中说，阙楼也是天子颁布政令的地方，它代表了至高无上的皇权。《白虎通义》中又表明了阙楼在区别地位尊卑中起到标志性作用。所以，阙楼建筑不仅是我国古代独有的一种建筑形式，它的出现也与我国早期社会的思想、阶级观念有关。

唐人崇尚"事死如事生"，葬墓则象征了墓主人生前生活的深宅大院，墓葬规格以及陪葬器物均根据墓主人生前的社会地位来设置，阙楼作为象征皇族地位尊崇的建筑，自然是不可缺少的标志性建筑。唐代墓葬内的阙楼建筑通常以壁画的形式出现。由唐代已发掘的墓葬可知，唐代阙楼图一般绘制于第一过洞外的墓道部分。在唐代墓葬形制中，第一过洞代表了墓主人生前深宅大院的第一道大门，阙楼图绘制于其外，形象地标表了墓主人的身份。由于阙楼在墓葬中所处的位置距离地表较近，极容易遭到人为或自然灾害的破坏，因此，唐代墓葬中所存下来的阙楼图也较少，即使有，大多是上半部分也已残缺，非常可惜。昭陵陪葬墓保存较好的阙楼图中，除此之外还有长乐公主墓《阙楼图》。

长乐公主为太宗第五女，长孙皇后所生。其墓阙楼图共有两幅，一幅位于墓道北壁（第一过洞口上方），形制为三间两层，上、下两层建筑面积、造型相同。其制作方法是先在门墙之上起双层斗拱，上下斗拱之间又有人字拱，然后整个单檐四阿顶的全木结构建筑全部承托在斗拱之上，上下两层建筑均有斗拱、栏杆、门、窗。其木构件的画法为不勾边界线的红色平涂，整幅画面色调简洁。另外一幅阙楼图位于第一天井北壁（第二过洞口上方），是三间单层的四阿顶全木结构，整个建筑位于人字拱之上，其画法、颜色与前一幅相同，挑檐青瓦，屋脊两端以鸱吻装饰（鸱吻，为鸱鸟的嘴部，其建筑装饰始于晋代，隋唐时已较为普遍，传说鸱鸟是象征海中的一种能兴雨灭火的神鸟，用在屋脊上有防火消灾的作用），并在两侧瑞气流云中绘两朱雀对飞，整个木构阙楼建筑为红色，屋顶为青色筒瓦，色调简洁明快、气魄宏伟。这一幅阙楼图在寓意上属于公主深宅大院的第二道大门前的标志性建筑。长乐公主墓出现两道阙楼图的布局方式，在昭陵甚至唐代已发掘的墓葬中仅此一例，十分罕见，是唐代墓葬阙楼形制中的特例。

对于墓葬内设置阙楼，我们也可以再延伸一下理解：阙楼在古代墓葬中也可以泛指各类门，像现实中的、想象中的、天上的、地下的门，都可以用阙楼来表示，再加上古人受迷信思想及阴阳五行学说的强烈影响，喜欢在墓葬中设置阙楼的现象，使阙楼的象征意义走向多样化、世俗化，等级观念也逐渐趋于淡漠，当然其使用价值也逐渐消失。所以，人们通常也用阙楼来表示人死之后升仙路上的门，也可称之为"天门"。因而许多生前宅第前没有资格建置阙楼的人，死后其家人为了祈祷墓主人亡灵超度，也在其墓葬中绘制阙楼图作为美好寄托，充分显示了古人"事死如事生"的封建思想观念以及阙楼制度在人们心目中地位的无比神圣。